ANNAMARIA MONETI

CONVERSAZIONI
in
ITALIANO

VOL. II

EDITRICE RUX - PERUGIA (Italia)

Finito di stampare nel mese di febbraio 1986
dalla Tip. Editrice Guerra - Perugia

PREFAZIONE

Questo libro presenta la lingua italiana parlata in situazioni « reali » ed è scritto per studenti a livello del quarto semestre di « college » o equivalente.

Allo scopo di stimolare la partecipazione attiva della classe, si è ritenuto opportuno far parlare personaggi nei quali gli studenti possano facilmente identificarsi. Lucia, Mario e Sandro frequentano l'università, sono ragazzi intelligenti e curiosi, a cui piace affrontare qualsiasi argomento interessante; sono spesso in disaccordo, *c'est la vie*, e non raggiungono quasi mai una conclusione. In compenso aprono molte possibilità di ulteriore discorso, « punti di partenza » che possono essere o no esplorati a secondo del livello e delle esigenze del corso.

Il libro si presenta così:

CONVERSAZIONI su argomenti controversi e di attualità.

Obiettivi:
a) presentare modelli vivaci di conversazione e punti di vista individuali;
b) suggerire il maggior numero possibile di punti di partenza;
c) fornire il lessico pertinente.

DOMANDE facili le prime, piuttosto impegnative e concettuali al livello II.

Obiettivo: provocare la partecipazione attiva degli studenti a seconda del livello della classe.

ATTIVITA' in forma di ricerca personale ed esposizione orale.

Obiettivo: abituare gli studenti ad esprimersi in una lingua straniera brevemente ma di seguito.

TESTI DI LETTURA di prosa informativa.

Obiettivi:
a) dare ulteriori informazioni sull'argomento;
b) presentare esempi di lingua più complessa;
c) espandere il lessico pertinente.

LINGUA
a) nelle conversazioni: l'italiano parlato correttamente dalle persone istruite, incluse alcune e-

5

spressioni idiomatiche e del linguaggio familiare comuni a tutte le regioni;

b) nei testi di lettura: una prosa più elaborata, sti-
li differenti a seconda dei contenuti, un numero
maggiore di termini tecnici.

FONTI   i temi e le idee del nostro tempo (cfr. teatro, cine-
ma, stampa, radio e televisione).

Obiettivi: far leva sull'interesse per i problemi del nostro
tempo e, se del caso, suscitarlo.

Non sarebbe facile esaurire tutti gli spunti espliciti ed impliciti
in ogni conversazione, né è necessario farlo. E' importante invece che
ogni studente, con l'aiuto dell'insegnante, legga, capisca e rifletta sul-
l'argomento proposto e si sforzi di esprimere il proprio punto di vista
in italiano.

In fase sperimentale il testo è stato usato in modi differenti: quello che segue è un breve resoconto delle tecniche impiegate.

Inizialmente, con gli studenti meno avanzati, si sono usate le **Conversazioni** come testi di lettura. Bandito il vocabolario non essenziale,
gli studenti venivano costantemente incoraggiati a *correre rischi* di in-
terpretazione e a *fare deduzioni* sulla base degli indici reperibili nel
testo stesso.

Anziché fornire la traduzione l'insegnante cercava di facilitare la
comprensione del testo sia stimolando a leggere « meglio », cioè facendo attenzione a tutti i riferimenti immediatamente comprensibili, e « oltre »,cioè non limitandosi alla proposizione o al periodo, sia facendo
domande atte a far convergere l'attenzione sul logico svolgimento delle
situazioni. In altre parole si cercava di capire il messaggio del testo
mediante un lavoro di gruppo in cui tutta la classe era impegnata.

A un livello superiore si poteva incominciare subito con l'ascolto-
comprensione e con la lettura-dizione (intonazione e pronuncia).

A questo punto il testo era diventato uno strumento per produrre
lingua a seconda dell'abilità della classe. Per esempio:

1. l'insegnante fa domande in base al testo, gli studenti rispondono;

2. l'insegnante fa domande di carattere generale, gli studenti rispondono singolarmente o, previa consultazione e attraverso un portavoce, in gruppi di tre o quattro;

3. gli studenti chiedono l'opinione del professore;

4. il portavoce di un gruppo chiede l'opinione di un altro gruppo;

5. qualcuno fa un'affermazione e se ne discutono i pro e i contro;

6. il professore assegna, o gli studenti scelgono, una tesi e ciascuno ne parla in favore o contro per due o tre minuti;

7. alcuni studenti mettono in scena una situazione simile a quella del testo ma con svolgimento e conclusioni diversi;

8. si fa la gara a chi trova nel testo più punti di partenza, cioè nuovi argomenti per nuove conversazioni.

Come si vede, le variazioni sono infinite.

Nella fase sperimentale l'insegnante ha cercato di essere tollerante per quanto riguarda la correttezza dell'espressione. Dato che lo studio delle strutture ha già nei corsi di lingua una posizione preponderante, nella produzione di lingua si è lasciato agli studenti un certo margine di possibilità di errore e si è cercato di ritornare sulle forme ovviamente sbagliate alla fine della lezione (il professore prendeva nota, naturalmente) e in maniera impersonale.

La **Lettura**, di nuovo a seconda del livello della classe, veniva usata non solo come esercizio di comprensione del testo, ma anche come strumento per ulteriore espansione del lessico e come mezzo di identificazione e di studio di forme idiomatiche e strutturali. Non solo si cercava di aiutare il discente nel processo di decodificazione, ma anche di renderlo intimamente consapevole degli aspetti strutturali, che venivano « riscoperti » dopo averli studiati in grammatica, e delle infinite variazioni del lessico che a sua volta si prestava a « giochi » molteplici: etimologie, sinonimi e contrari, prefissi e suffissi, dal nome al verbo, dal nome all'aggettivo, dall'aggettivo all'avverbio eccetera.

Al fine di valutare la partecipazione degli studenti, il professore aveva la lista dei loro nomi seguita da quattro o più caselle, ogni casella indicava un intervento e in ogni casella si scrivevano dei simboli che nel nostro caso erano i seguenti:

1 = intervento spontaneo.

2 = risposta a domanda diretta.

V = intervento o risposta pertinente.

F = intervento o risposta non pertinente.

+ = espressione sufficientemente corretta.

— = espressione inaccettabile.

Si è cercato al massimo di mantenere in classe un'atmosfera rilassata, che permettesse l'impegno collettivo senza la tensione dell'interrogazione formale. Inoltre, escludendo la traduzione ed incoraggiando i rischi, si è dato ampio spazio all'intuizione che, nei casi migliori, si risolveva in consapevolezza. La massima ricompensa per il docente era quando il discente diceva: « Ah! » che significava: l'ho detto giusto e adesso so anche perché.

INDICE

PREFAZIONE . . . . pag. 5

CONSERVAZIONE 1
Diete . . . . » 11

CONVERSAZIONE 2
La scuola d'oggi . . . . » 19

CONVERSAZIONE 3
Gli handicappati . . . . » 27

CONVERSAZIONE 4
Moda, bellezza e seduzione . . . . . . » 33

CONVERSAZIONE 5
La donna degli anni ottanta . . . . . . » 41

CONVERSAZIONE 6
Il lavoro dell'uomo . . . . » 51

CONVERSAZIONE 7
La violenza . . . . » 61

CONVERSAZIONE 8
Dei delitti e delle pene . . . . » 67

CONVERSAZIONE 9
L'eutanasia . . . . » 75

CONVERSAZIONE 10
Gli anziani . . . . » 81

conversazione 1

DIETE

Livello I

Sandro ha invitato gli amici a cena ed è occupatissimo in cucina. Quando arrivano Lucia e Mario ad aiutarlo le varie preparazioni sono già a buon punto.

Lucia Hai trovato le salsicce buone?

Sandro Si, si, sono quelle del salumiere* abbruz-   *pork butcher*
zese, sono andato fino a Piazza della Fon-
tana di Trevi a comprarle.

Mario Dove sono? Hai già tolto la pelle?

Sandro Si, sono lì a friggere nella padella* grande,   *fry pan*
continua a separare i pezzetti di carne con
il cucchiaio di legno, per piacere. Quando
sono ben soffritti aggiungi un bicchiere di
panna*. A proposito, sarà ora di mettere   *cream*
su l'acqua della pasta.

Lucia L'arrosto è in forno?

Sandro Si, è quasi fatto. Ho anche apparecchiato*.   *set the table*
C'è da fare l'insalata.

Lucia Ci penso io.

Sandro C'è una gran busta in frigo: lattuga*, indi-   *lettuce*
via belga, cipolla* dolce, peperoni, funghi*   *onion / mushrooms*
bianchi, pomodori, cetrioli*... poi ci metti   *cucumbers*
una mela rossa a fettine e una manciata di
uvetta*.   *raisins*

Mario Come la condisci?

Sandro Olio d'oliva, succo di limone e sale.

Mario Ho portato un cartoncino bianco per scri-
vere il menù.

Lucia Ecco, bravo, così Paola che è sempre a dieta saprà cosa aspettarsi.

Menù

Aperitivi: Campari, Punt e Mes, Martini Bianco

Penne alla norcina*   *pork butcher*

Arista* alla panna   *pork roast*

Insalata mista alla Alessandro

Formaggi: galbanino, gorgonzola, ovoline di bufala

Dolce semifreddo: zuccotto al cioccolato

Frutta assortita di stagione

Vino bianco di Frascati

Caffè, Cognac.

Lucia	E alla fine ci passi una pastiglia di Alka-Seltzer?
Sandro	E' un pò pesante come cena, ma si fa presto a prepararla.
Mario	Paola ti odierà per il resto della vita.
Sandro	Mangerà poco. Perché fa la difficile? Non è tanto grassa.
Lucia	Dice che mangiamo troppo e male, troppa pasta, troppa carne, troppi grassi...
Sandro	Ci sarà un'insalata meravigliosa e tanta frutta.
Mario	Si, e aperitivi e vino e dolce al cioccolato. A proposito, hai vinto un terno al lotto? Questa cena ti costa un'occhio della testa!
Sandro	Una volta tanto! E poi gli alcolici vengono da mio padre.

Livello II

Lucia	Io mangerò tutto, semmai digiunerò domani. Però forse Paola ha ragione quando dice che la civiltà ci ha rovinati, i nostri cibi non sono più genuini.
Sandro	La mia cena si, a parte lo zuccotto che è un prodotto commerciale e Dio solo sa che cosa ci hanno messo. Quanto al resto, farine*, carni, verdure e latticini* ci sono sempre stati.

flours / milk products

Mario	Anche l'alcool per questo, lo trovi nella Bibbia nella storia di Noè ubriaco*, nella mitologia romana addirittura con il dio Bacco... Quanto al caffè, al tè e alle altre piante stimolanti, è ben noto che ogni cultura ha le sue.	*drunk*
Lucia	Questo non significa che facciano bene.	
Sandro	Dipende da come noi ne usiamo o ne abusiamo.	
Mario	Dipende anche dal tipo di vita che conduciamo. Sotto esami io m'ingrasso sempre. Mia madre si preoccupa a vedermi sempre lì a studiare e mi porta tante merendine* di latte e cioccolato, di zabaione*, di frullati* alla banana... Poi devo giocare a tennis per un mese per tornare in forma.	*little snacks* *egg yolk with sugar and Marsala wine* *shakes*
Lucia	E' il solito discorso del bruco* che sa istintivamente quale fogliolina mangiare anche se nel bosco* ci sono tante piante velenose. Noi invece ci avveleniamo con gli zuccheri, i grassi, gli alcolici, gli stimolanti... Il problema è che siamo troppo ricchi.	*caterpillar* *forest*
Sandro	Certo, e siamo anche pigri*, acquistiamo cibi preparati, ci riempiamo di conservanti*, di scatolame*, di surgelati*...	*lazy* *preservatives* *canned food / frozen food*
Mario	Adesso però c'è un ritorno ai prodotti alimentari meno raffinati: si vendono il pane e la pasta integrali*, si trova il riso scuro, ci sono tanto negozi di prodotti dietetici...	*whole grains*
Lucia	E paghiamo lo zucchero non raffinato tre volte quello 'cristallizzato finissimo'.	
Sandro	A proposito, Lucia, guarda se la zuccheriera è piena.	

La cena era buonissima ma Paola ha mangiato soltanto due penne, un pò d'insalata, un'ovolina e un'arancia. Nell'inevitabile confusione rimbalzavano di qua e di là della tavola commenti igienisti:

« Bisogna fare attenzione ai grassi, è tutto colesterolo ».

« Sono le vitamine e i sali minerali che contano ».

« Il pane e la pasta ingrassano, e anche le patate ».

« L'ideale sarebbe una bistecca ai ferri* con l'insalata, ma è cara ».   *grilled steak*

« Ma no, noi mangiamo troppa carne, dovremmo accontentarci di verdure e pesce*».   *fish*

« Il latte è un alimento completo ». « Sarà, ma non è facile da digerire ».

« Io ho perso dieci chili mangiando pompelmi* e carne e uova e formaggi ma eliminando tutti gli idrati di carbonio ». « E il tuo fegato* è sempre vivo? »   *grapefruits*

liver

Erano quasi le 2:00 quando Lucia e Mario hanno finito di aiutare Sandro a mettere in ordine.

Sandro	Grazie, siete proprio gentili!
Mario	Figurati*! Ne valeva la pena! Abbiamo mangiato benissimo e in ottima compagnia!
Lucia	E non c'è rimasto niente, abbiamo spolverato* tutto e ci siamo scolati* quasi due fiaschi di 'Frascati'. Altro che dieta!

don't mention it

cleaned up
colloq.=drank

DOMANDE

Livello I

1 Che cosa sta facendo Sandro?

2 Dove sono le salsicce?

3 Sandro prepara il sugo per la pasta, voi come la condite?

4 Di che cosa è fatta l'insalata di Sandro?

5 Che cosa vi attrae di più nel menù? Perché?

6 Vi piace cucinare? Lo trovate divertente, distensivo? In che modo?

7 Quali sono i vostri piatti preferiti?

8 C'è una preparazione speciale della vostra famiglia? Ce ne dareste la ricetta*?   *recipe*

9 Vi sembra che la cena di Sandro sia un pò pesante? Perché?

10 E' vero o no che noi mangiamo troppo e male?

11 Quali sono i cibi che dovremmo eliminare? Per quali ragioni?

12 Quali sono i cibi che dovremmo limitare? Per quali ragioni?

13 Secondo voi beviamo troppa birra, troppo vino, troppi liquori?

14 Che ne direste di chiudere tutti i negozi che li vendono?

15 Quali sono gli effetti del caffè, del tè, della coca cola?

16 Perché si bevono tante bibite*? Il buon Dio ci ha dato l'acqua, non basta?   *soft drinks*

17 Vi piacciono i cibi di altri paesi? Quali?

18 Cosa pensate della dieta vegetariana?

Livello II

19 I nostri cibi sono genuini o no?

20 In che cosa differiva dalla nostra la cucina dei nostri nonni?

21 Cinquant'anni fa si mangiava meglio o peggio? In che senso?

22 Sembra che noi, in media, siamo più alti, più forti, più belli dei nostri antenati. Come mai?

23 Nella scelta del cibo qual'è la differenza tra noi e il bruco?

24 Se il cibo non avesse sapore, mangiare sarebbe un'operazione faticosissima. Non è giusto godere della buona tavola?

25 E' giusto o sbagliato mondare* poco i cereali *winnow* e adoperare farine integrali?

26 Perché i nostri antenati hanno cercato di ottenere farine bianche?

27 Che ne dite di una dieta a base di bistecche, frutta e verdura?

28 La dieta dovrebbe essere legata alle stagioni e ai loro prodotti?

29 Conoscete diete particolari legate a credenze religiose? Per esempio?

30 Cosa pensate delle diete dimagranti?

ATTIVITA'

A Parlate del vostro piatto preferito.

B Parlate dei nostri errori di alimentazione.

C Parlate del rapporto tra dieta e tipo di vita.

D Parlate di stimolanti usati in altre culture, sia per uso personale che come forme rituali.

E Parlate in favore di una dieta mettendone in luce gli effetti.

F Parlate in favore o contro la dieta vegetariana.

G Parlate dei prodotti in commercio che sono privi di valore nutritivo o addirittura nocivi alla salute.

TESTO DI LETTURA

Da un pò di tempo è apparso un nuovo proverbio: « Dimmi che cosa mangi e ti dirò chi sei ». Devono averlo inventato i dietologi, la giusta dieta, infatti, è senza dubbio una delle preoccupazioni dei paesi ricchi. In Europa ha molto successo il libro della dottoressa C. Kousmine (*Soyez bien dans vôtre assiette jusqu' à 80 ans et plus,* ed. Tchu, Paris) che promette salute e lunga vita a chi si sappia nutrire saggiamente. Ne riportiamo per grandi linee i concetti fondamentali.

Di generazione in generazione l'uomo diventa più fragile, più vulnerabile. Abbiamo perso l'istinto che un tempo ci permetteva di scegliere l'alimentazione più adatta ai nostri bisogni. Gli effetti sono disastrosi: quasi tutti hanno carie dentarie*; fin   *cavities* dalle scuole elementari un bambino su cinque porta gli occhiali; moltissimi adolescenti camminano curvi*; ci lamentiamo di costipazione e di mal di testa;   *slouched* le malattie della pelle abbondano in forma di acne, psoriasi e orticarie* ribelli; dalla carie dentaria al   *skin rash* cancro nessuno sfugge alle affezioni degenerative. Non c'è più speranza? La speranza c'è secondo la dottoressa Kousmine, a patto che ci si nutra in maniera razionale e ottimale, che si ritrovino cioè le abitudini alimentari di una volta che erano dettate dalle leggi naturali. Noi, oggi, mangiamo troppa carne, troppo burro, troppi prodotti privi di sostanze vitali e reattive, troppi zuccheri che apportano calorie 'vuote', cioè inutili se non addirittura nocive*. Queste affermazioni sono documentate da   *harmful* analisi di menù-tipo in relazione al genere di vita condotto dalle persone prese in esame: coloro che fanno vita attiva all'aria aperta godono di una migliore ossigenazione e quindi di una migliore combustione degli alimenti*; chi invece conduce vita   *food* sedentaria, e siamo in molti, deve fare molta attenzione al rapporto tra calorie (zuccheri e grassi) e catalizzanti (vitamine e oligominerali) in favore di questi ultimi.

Perché la salute venga dalla buona tavola bisogna che la tavola sia buona secondo alcuni principi generali. Eccoli:

a) niente uova cotte, cioè frittatine*, niente maionese e dolci;   *omelets*

b) niente cioccolato, alcool e grassi solidi compreso il burro;

c) poco sale e poco zucchero;

d) unico grasso permesso e indispensabile: uno o due cucchiai da tavola di olio crudo, pressato a freddo, nelle ventiquattro ore. L'olio può essere di semi di girasole*, di semi di lino o di germe di grano*.   *sunflower* / *wheat germ*

Dopo i divieti, le raccomandazioni. Si consigliano le verdure crude* e cotte, le patate cotte a vapore, il fegato, il pesce, la carne magra. E' opportuno consumare ogni giorno una buona porzione di cereali in chicchi* o ridotti in farina e cotti sotto forma di minestre o di polpette*; si consigliano il grano*, la segale*, l'avena*, l'orzo*, il miglio*, il mais, il riso integrale.   *raw* / *grains* / *balls* / *wheat* / *rye* / *oats* / *barley* / *millet*

Secondo la dottoressa Kousmine, un cambiamento di dieta e la scelta dell'alimentazione opportuna sono in grado di curare quasi tutte le malattie, compreso il cancro, e di impedirne o ritardarne la manifestazione.

Inutile dire che la comunità medica non sempre condivide le idee dell'autrice la quale si difende dicendo: « Ma certo, sono quasi tutti uomini, quando mai mettono piede in cucina! »

conversazione 2

LA SCUOLA OGGI

Livello I

Luigino frequenta la terza media. La professoressa d'Italiano gli ha assegnato una ricerca sulla scuola e Luigino cerca di parlarne con tutti quelli che gli capitano a tiro* alla caccia* di idee. In famiglia sono collaborativi.

within his reach
hunting for

Papà	Dunque, Luigino, cosa hai scoperto fino adesso*?
Luigino	Soltanto un po' di storia. Ti posso raccontare?
Papà	Certamente!
Luigino	In Grecia non c'erano scuole pubbliche, i ragazzi studiavano con precettori privati.
Lucia	Anche a Roma, no?
Luigino	Si, ma gli imperatori istituirono cattedre* ufficiali di retorica.
Lucia	E sai anche chi fu il primo titolare*?
Luigino	Si, Quintiliano, nel I° secolo avanti Cristo.
Papà	Sei un asso, Luigino, continua!
Luigino	(togliendosi di tasca gli appunti) Aspetta, non mi ricordo tutto a memoria. Ah, si, sempre a Roma furono create scuole superiori di diritto*. Poi, nell'Alto Medio Evo, si ebbero scuole monastiche dove si insegnavano le materie del trivio: grammatica, retorica e dialettica, e del quadrivio: aritmetica, geometria, musica e astronomia che, insieme, erano propedeutiche* allo studio della filosofia e della teologia.
Papà	Che erano proprio le discipline più importanti, sono infatti quelle che interessano la ragione e la fede.

so far

chairs

professor

law

preparatory

Luigino	Nel XII° secolo nascono le università... ma qui, forse, sono fuori tema.	
Lucia	Puoi saltare al Rinascimento e parlare di quelle scuole tutte nuove e diverse, come la Villa Giocosa di Vittorino da Feltre a Mantova; sono le scuole umanistiche in cui si tende* alla formazione armoniosa e spontanea della personalità.	*aiming at*
Papà	Non ti dimenticare che con i Gesuiti e la Controriforma nascono ordini religiosi destinati all'insegnamento.	
Luigino	Aspetta, lasciami prendere appunti, sennò perdo il filo! Scuole dei Gesuiti... Praticamente la scuola diventa pubblica, cioè statale, soltanto dopo la rivoluzione francese.	
Papà	E come te la immagini la scuola del nonno?	
Luigino	Severa*, noiosa*, brutta*.	*demanding / boring* *ugly*
Lucia	E i professori?	
Luigino	Insopportabili*!	*obnoxious*

Arrivano Mario e Sandro, come accade spesso di pomeriggio sono venuti a studiare con Lucia.

Sandro	Buongiorno ingegnere, salve ragazzi.	
Mario	Buongiorno, buongiorno.	
Papà	Buongiorno, ragazzi, accomodatevi.	
Sandro	Guarda Luigino, ti ho portato un ritaglio de « La Repubblica ». E' un'intervista fatta da Romano Giachetti allo scrittore americano Thomas Molnar.	
Mario	Anch'io ho qualcosa per te: gli ideali della scuola pubblica francese secondo «Le Monde» e le opinioni di Roger Girod, sociologo svizzero, sulla funzione della scuola. Farai un figurone! La tua ricerca avrà fonti* internazionali.	*sources*
Luigino	Ditemi, ditemi.	
Mario	Prima di tutto « Le Monde »: « E' compito della scuola quello di formare gli individui, costruirne la personalità e prepararli alla vita attiva; è inoltre compito della scuola quello di lottare contro le ineguaglianze culturali ».	

Lucia	In altre parole la scuola per i Francesi è prima di tutto formativa, poi informativa-tecnica con la lodevole intenzione di istruire tutti senza discriminazioni sociali.	
Luigino	Non sono sicuro di aver capito. Cosa vuol dire formativa?	
Lucia	Vuol dire che prima di insegnare a leggere, scrivere e far di conto, la scuola deve plasmare* i ragazzi, dar loro sani principi. Aspetta, vediamo il dizionario italiano:	*mould*

educare, v. tr. 1. sviluppare le facoltà intellettuali, fisiche e morali dei giovani secondo determinati principi...

Come vedi anche gli Italiani la pensano così.

| Luigino | Io non ho nessuna intenzione di farmi plasmare! Sapete cosa vi dico? Io a scuola non ci vado più! | |

Livello II

Mario	E no, caro, prima presenti la tua ricerca, dopo che abbiamo lavorato tanto! Sentiamo Girod. A suo parere la scuola ci insegna molto poco, le nostre conoscenze e le nostre qualifiche ci vengono dalla vita.	
Luigino	Giusto, quindi se non ci vado più non perdo molto!	
Mario	Continuiamo: le scuole sono più o meno tutte uguali, ma gli individui e le famiglie da cui essi provengono sono differenti, ergo* si rimette in questione il potere della scuola di modificare la società. Inoltre, è sempre Molnar, non ci può essere uguaglianza di risultati scolastici, né si può sperare in uguali probabilità di successo per tutti.	*lat. = hence*
Luigino	Che confusione*!	*what a mess*
Sandro	Non è finita. Senti l'americano Thomas Molnar. Dice che la vera cultura è morta.	
Luigino	Un momento, definitemi la cultura.	
Lucia	Siano benedetti* i dizionari!	*blessed be*

cultura, s. f. 1. qualità di chi è colto; l'insieme delle nozioni organicamente apprese che qualcuno possiede; 2. l'insieme della tradizione e del sapere scientifico letterario e artistico di un popolo o dell'umanità intera.

Sandro   Chiaro?

Luigino   Più o meno.

Sandro   Torniamo a Molnar, allora. La cultura è morta; nelle librerie invece che libri di storia di filosofia e di letteratura « seria » oggi si trovano i volumi di Harold Robbins, di scienza dell'occulto, di giardinaggio, di cucina, di pornografia. L'università è un supermercato che distribuisce diplomi* dopo aver insegnato un miscuglio di ricette* utilitaristiche atte a trovar lavoro...   *degrees*
recipes

Luigino   Povero me!

Sandro   Non ho finito: la cultura come patrimonio dei popoli non può sopravvivere perché manca il senso della storia. Ed ecco il giudizio finale: viviamo in una società edonistica che si basa sul presente...

Luigino   Basta, basta, per carità!

Mario   Coraggio, Luigino, tieni, ti abbiamo preparato gli appunti, tutti scritti bene e in bell'ordine.

DOMANDE

Livello I

1 Che classe* frequenta Luigino?   *grade*
2 Che compito gli ha assegnato la professoressa d'Italiano?
3 Come erano le scuole dei Greci e dei Romani?
4 Dove erano i centri di studio nell'Alto Medio Evo?
5 Quali materie si studiavano? Quali erano le più importanti?
6 Quando sono nate le università?
7 Quali erano gli ideali della scuola umanistica?
8 Quando è nata la scuola pubblica?
9 Secondo il quotidiano* parigino « Le Monde »,   *daily paper* qual'è il compito della scuola?
10 Qual'è la « funzione formativa » della scuola?
11 Siete d'accordo? Perché?

Livello II

12 Il sociologo Roger Girod è piuttosto pessimista. Che cosa dice?
13 In che misura la scuola influisce sul nostro modo di essere?
14 La scuola deve essere uguale per tutti? Perché?
15 « Tutti i ragazzi che escono dalla stessa scuola hanno la stessa probabilità di successo nella vita ». Vero o falso? Perché?
16 Le esperienze di vita ci insegnano a pensare? Ci insegnano a sviluppare la nostra intelligenza? In che modo?
17 Thomas Molnar sostiene che la cultura è morta. Che cosa ne pensate?
18 Che cosa è per voi la cultura? Avete altre definizioni?
19 Quali sono gli interessi culturali del mondo moderno?

20 Perché studiate?

21 Che cosa vi aspettate dall'università?

22 Se foste molto ricchi e aveste una grossa ren- *revenue*
dita* che vi garantisse vita agiata* e senza *comfortable*
preoccupazioni, studiereste per un diploma uni-
versitario?

23 Molnar definisce la nostra società come edonistica, cioè interessata al piacere immediato e
priva di preoccupazioni storiche. Voi come la
definireste?

24 A che serve la storia?

ATTIVITA'

Livello I

A Esporre brevemente i difetti della scuola in generale o di una scuola che avete frequentato.

B Esporre brevemente le virtù della scuola in generale o di una delle scuole che avete frequentato.

C Descrivete un insegnante.

D E' venuto a farvi visita un ospite extraterrestre.
Informatelo sugli interessi culturali dei giovani
nella nostra società.

Livello II

E Abbozzate* un progetto di riforma della scuola *sketch*
secondaria.

F Abbozzate un progetto di riforma dell'università.

G Difendete uno dei seguenti punti di vista:
a) non si può studiare senza interesse*; *motivation*
b) si studia senza discutere, l'interesse è secon-
dario, quello che conta è la volontà;
c) non avrò mai bisogno della fisica e della ma-
tematica, quindi non c'è bisogno che le studi;
d) la mente deve essere aperta a tutte le forme
di conoscenza.

H « La cultura è quello che ti rimane quando hai
dimenticato tutto quello che hai studiato ».
Commentare.

TESTO DI LETTURA

L'attuale ordinamento della scuola italiana è basato sulla distinzione in tre ordini: 1) scuola elementare o primaria (cinque anni); 2) scuola media o secondaria articolata in tre gradi: a) media inferiore unica (tre anni), b) media superiore: ginnasio liceo classico, liceo scientifico, istituto magistrale, istituti tecnici (commerciale, per geometri, industriale, agrario, nautico); 3) scuola superiore o universitaria distinta in facoltà quali Architettura, Diritto, Lettere, Medicina, Scienze ecc...

In Italia, come del resto negli altri paesi europei, la scuola è essenzialmente statale e i programmi sono piuttosto rigidi. Si è fatta un po' di rivoluzione come conseguenza del Sessantotto e molti ora sostengono che si studia un po' meno, un po' peggio.

Recentemente si è manifestato un fenomeno strano: le iscrizioni alle università, sempre affollatissime, sono calate del 10%. Molti giovani rinunciano al prestigio del titolo accademico e si accontentano di un lavoro modesto, mal compensato ma immediato. Sono nate invece e si sono diffuse moltissime scuole alternative in cui si trova di tutto: dai corsi di ceramica e pelletteria, all'artigianato del legno, alla scuola di giornalismo. In esse professionisti affermati mettono le loro esperienze in comune con gli studenti e lavorano con loro a « fare » praticamente, evitando le forme d'insegnamento tipiche dell'università giudicate troppo teoriche e astratte. Così al Conservatorio di Milano c'è una scuola di musica « per tutti », dove oltre a imparare a suonare uno strumento si scoprono la musica antica, le origini della canzone popolare, il jazz. A Roma c'è l'« università femminista » Virginia Woolf alla quale collaborano antropologhe, biologhe e studiose di medicina e dove si ricerca, tra l'altro, l'immagine della donna nei testi sacri musulmani e in quelli della medicina cinese. C'è perfino a Milano una scuola di arti circensi*, dove si istruiscono giocolieri, acrobati e trapezisti.   *circus*

Non sempre queste scuole rilasciano un titolo di studio, ma esse assolvono ugualmente una loro funzione. In primo luogo esse pongono l'accento sull'espressività in generale, cioè rendono allo studente la parola che nella prassi universitaria tradizionale gli è negata; inoltre costituiscono una forma di microassociazione in cui della gente che ha qualcosa in comune si incontra e tenta di ritrovare i valori di una comunicazione più diretta. C'è insomma il bisogno di stare insieme, di parlare, di conoscersi, di scoprire cose nuove in un ambiente disteso, diverso da quello della scuola italiana tradizionale.

conversazione 3

GLI HANDICAPPATI

Livello I

Luigino ha un nuovo compagno di scuola, si chiama Paolo ed è ritardato. Paolo ha qualche anno di più degli altri ragazzi, ha seguito una scuola speciale ed ora si tenta di integrarlo in una classe che corrisponda alla sua età mentale. Non è la prima volta che Luigino si trova con degli handicappati, in terza elementare c'era una bambina paralitica che veniva a scuola in poltrona a rotelle*; in prima media il suo migliore amico era un focomelico* al quale mancava parte di una gamba e portava una protesi ortopedica*. Questa volta però Luigino è un pò perplesso.

wheel chair
focomelia = congenital malformation
artificial limb

Mamma Povero figliolo! E' una bella cosa che si cerchi di integrarlo e istruirlo insieme a dei ragazzi normali.

Luigino Sì... però non è facile.

Mamma Non è facile di sicuro, ma non è la prima volta che sei in classe con un handicappato.

Luigino No, ma con gli altri era differente, si trattava di accettare la loro minorazione fisica, ma per il resto erano come noi.

Mamma E Paolo invece?

Luigino Paolo si muove in maniera strana, parla in maniera strana, vuole essere sempre al centro dell'attenzione e per di più è imprevedibile.

Mamma Deve essere un problema serio anche per gli insegnanti, soprattutto per la professoressa di lettere che è quella che passa con voi il maggior numero di ore.

Luigino Le hanno dato un'assistente, ma non basta, questa mattina non abbiamo combinato niente.

Mamma E' solo il primo giorno, c'è bisogno di un periodo di adattamento* per tutti.   *adjustment*

Luigino Sarà!

Luigino, pur non essendo uno studente modello, continua ad essere
perplesso. Quando rientrano Lucia e Papà racconta anche a loro le esperienze della giornata.

Lucia Caro Luigino, al mondo ci sono moltissimi
handicappati, era ora che anche in Italia si
cominciasse ad occuparsi seriamente di lo-
ro. Per fortuna sono state varate* alcune   *perfected*
leggi in loro favore.

Luigino Si, lo so, non è una novità, ma con lui è
diverso...

Lucia Ha gli stessi diritti degli altri.

Papà Un momento, Lucia. Mi sembra di capire
che questo nuovo compagno... come si chiama?

Luigino Paolo.

Papà ... che Paolo ha un handicap mentale e che
la cosa rende la vita difficile sia agli insegnanti che agli studenti.

Lucia Certo, ma insisto che Paolo ha il diritto di
essere accettato e integrato insieme agli altri ragazzini della sua età mentale.

Luigino Tu al solito parli come un manuale*, ma   *handbook*
a scuola questa mattina c'era il caos.

Papà Evidentemente Paolo deve imparare a comportarsi secondo le regole della classe.

Luigino Ma Papà, dovevano insegnarglielo prima!   *we all have to pay*
Non è giusto che ci andiamo di mezzo tutti   *for it*
noi!*

Livello II

Papà E' un problema grosso. Fino a qualche tempo fa gli handicappati venivano conside-
rati incapaci; si pensava che non sapesse-
ro fare quasi niente e c'era sempre qualcuno che faceva le cose per loro.

Lucia Ora, per fortuna, si è capito che con l'addestramento* opportuno anche loro possono   *training*
diventare autonomi.

28

Papà	Giusto, ma si corre il rischio di giudicare autonomo e integrabile chi non lo è ancora.	
Luigino	Deve essere proprio il caso del mio compagno.	
Lucia	D'altra parte ci vuole uno sforzo di pazienza e di comprensione da parte della società, anche se intervengono elementi di disturbo.	
Luigino	Parli bene tu, ma guai a chi ti disturba quando stai studiando! Non posso neanche mettere un disco!	
Papà	Senza volerlo Luigino ha toccato un tasto delicato*. La società siamo tutti e nessuno. Costruire rampe di accesso per le poltrone a rotelle, provvedere scuole speciali, addestramento e lavoro per gli handicappati sono iniziative che prendiamo in quanto* società e in fin dei conti* ci toccano solo il portafoglio. Come contribuenti* ci si chiede di pagare un po' più di tasse, ma in pratica delle soluzioni si occupano persone specializzate: psicologi, fisioterapisti, assistenti sociali, animatori ecc.. Noi possiamo anche dimenticarcene. I problemi sorgono quando siamo coinvolti personalmente.	*a sensitive chord* *as* *in the end* *taxpayers*
Luigino	Appunto*!	*exactly*
Lucia	Non dico che è facile, dico che quando ci troviamo coinvolti non dobbiamo rifiutare la nostra parte di collaborazione.	
Luigino	Purché non ti chiedano l'impossibile.	
Papà	Per fortuna non tutti gli handicappati sono affetti da ritardo mentale o da turbe* caratteriali. Ci sono degli handicap puramente fisici che si possono superare, pensate a quanti handicappati sono riusciti a fare carriera ad alto livello professionale diventando musicisti, scienziati e perfino uomini di stato*.	*alterations* *statesmen*
Luigino	E' vero. Beethoven non era sordo? Sai Papà? A pensarci bene di gente con qualche minorazione ce n'è tanta. Tu non ci vedi senza occhiali, lo zio Gianni è sordo come una campana, il nostro vicino, poveretto, soffre di epilessia e mia sorella deve avere qualche turba caratteriale nascosta perché è impossibile non litigarci.	

DOMANDE

Livello I

1 Che cosa c'è di nuovo in classe di Luigino?

2 In che senso Paolo non è un ragazzo normale?

3 E' la prima volta che Luigino si trova in classe con un handicappato?

4 Perché ora la situazione è più difficile?

5 Vi è mai capitato di avere a che fare* con una persona mentalmente ritardata?   *to deal*

6 E' giusto cercare di integrare i ragazzi ritardati in classi di studenti normali?

7 E' necessario che gli insegnanti abbiano un addestramento speciale?

8 Nel caso specifico, quale sono secondo voi i diritti di Paolo?

9 Si può chiedere a Paolo di comportarsi* secondo le regole seguite dagli altri ragazzi?   *behave*

10 Fino a che punto si può chiedere ai compagni di Paolo di essere pazienti e tolleranti?

Livello II

11 Al signor Rossi manca il braccio destro, eppure ogni volta che qualcuno cerca di aiutarlo si arrabbia moltissimo. Perché?

12 E' sempre possibile addestrare gli handicappati?

13 Quali sono i rischi dell'integrazione del ritardato mentale nella comunità delle persone normali?

14 Secondo voi il ritardato soffre? In che misura?

15 Come immaginate la vita dei genitori e dei fratelli di un ritardato?

16 Pensate che il ritardato abbia diritto a un posto di lavoro?

17 Pensate che il ritardato adulto abbia diritto ad una vita affettiva e sessuale?

18 Come reagisce la gente di fronte all'handicappato fisico?

19 Come reagisce la gente di fronte all'handicappato mentale?

20 Quali sono i diritti degli handicappati e i doveri della società?

ATTIVITA'

Livello I

A Parlate di un handicappato di vostra conoscenza.

B Parlate di iniziative* in favore degli handicappati alle quali avete partecipato.   *projects*

C Immaginate la giornata della mamma di un ritardato.

D Raccontate una storia nella quale una persona poco attenta* pretenda di aiutare un handicappato senza capire che i suoi servizi non sono necessari.   *considerate*

E Parlate di handicappati illustri.

Livello II

F Difendete uno dei seguenti punti di vista.

1) Tutti gli edifici e tutti gli autobus devono avere rampe di accesso per le poltrone a rotelle.

2) Solo gli edifici pubblici e solo certi autobus secondo un orario prestabilito devono avere rampe di accesso per le poltrone a rotelle.

3) Lo Stato deve fornire aiuto e assistenza sociale alle famiglie degli handicappati e scuole speciali gratuite* per tutti gli affetti di handicap.   *free*

4) Lo Stato non può occuparsi di tutti, deve intervenire solo in casi gravi e quando si tratti di famiglie povere.

5) Tutti gli handicappati hanno diritto ad una pensione dello Stato.

6) Soltanto gli handicappati la cui famiglia si trovi al di sotto di un reddito* stabilito hanno diritto ad una pensione dello Stato.   *income*

TESTO DI LETTURA

L'Abate Henri Buissonier, medico e professore dell'Università di Lovanio, in Belgio, ha tenuto una conferenza sugli adolescenti handicappati mentali.

Secondo l'oratore, anche l'handicappato può raggiungere una « vera adolescenza », ma il periodo della pubertà si manifesterà più tardi, durerà più a lungo e sarà più doloroso. Egli si esprimerà allora come i cosiddetti normali: presenterà forme di timidezza, desiderio di indipendenza, ingenui tentativi di seduzione, interesse per l'altro sesso e un progressivo senso di responsabilità. Bisogna ascoltarlo, capirlo e lasciargli tanto tempo. In condizioni opportune, per esempio di fronte alla bellezza di un luogo o di una musica, egli sarà in grado di provare delle vere emozioni estetiche e perfino delle prese di coscienza metafisiche.

In famiglia l'adolescente ritardato mentale soffre spesso di non essere preso in considerazione dai genitori che tendono a trattarlo sempre come un bambino. E' invece importante rendersi conto che il processo di crescita ha luogo, anche se lentamente, e che si arriva al punto in cui la morfologia e la fisiologia del ritardato non presentano niente di diverso da quelle dell'adolescente normale.

E' importante che la famiglia e la società facciano lo sforzo di capire i problemi dell'handicappato e i suoi diritti. In particolare egli ha diritto ad una presa di coscienza del suo stato, delle sue difficoltà e delle sue « differenze ». Ha diritto ad una educazione affettiva e sessuale che gli permettano di stabilire un legame tra l'amore, il matrimonio e la procreazione. Deve essere messo in grado di misurare le conseguenze delle sue azioni sia per lui che per gli altri. Soprattutto, l'handicappato deve sapere che la sua condizione fisica non diminuisce in nessun modo il suo valore fondamentale in quanto essere umano.

conversazione 4

MODA, BELLEZZA E SEDUZIONE

Livello I

Lucia è in centro a fare delle spese. A via Con-
dotti incontra Teresa, la sua vicina di casa*. Teresa   *next door neighbour*
indossa un paio di pantaloni a mongolfiera che fi-
niscono stretti al ginocchio, calze bianche e scarpe
dal tacco* non troppo alto come si usano* adesso.   *heel | are in fashion*

Lucia	Ciao!, sei elegantissima!
Teresa	Ti piacciono i miei pantaloni?
Lucia	Sono all'ultima moda.
Teresa	Sì, lo so, ma dimmi onestamente, mi stan- no bene?
Lucia	Beh, con tutte quelle pieghe un pochino sui fianchi* ingrossano... ma fanno molto Vo- gue International.

hips

Teresa	Non c'è dubbio, sono un modello di Giannı Versace e costano una fortuna.
Lucia	Non lo metto in dubbio.

Lucia finisce il suo giro di acquisti e arriva a casa appena in tempo
per la cena. A tavola racconta di aver incontrato Teresa e si finisce col
parlare della moda.

Luigino	Dì la verità, era molto buffa con quei pan- taloni?
Lucia	No, era... un po' strana, ma aveva molto stile.
Luigino	Sarà, ma non le hai detto che stava bene.
Lucia	Non posso neanche dire che stesse male, era molto elegante.
Papà	Credo di capire quello che dici. Io non so niente di moda, però mi rendo conto che

	voi donne siete capaci di mettervi addosso delle cose folli* e chissà come ottenere che gli uomini vi guardino e vi ammirino.	*crazy*
Mamma	Ma dai*! Come se ci foste solo voi al mondo! Noi ci vestiamo perché ci fa piacere, è una questione estetica.	*come on*
Luigino	Sarò maligno, ma è un piacere costoso.	
Lucia	Sta zitto tu che hai un cassetto pieno di pantaloni larghi in fondo* e ieri minacciavi di uscire in mutande* se la mamma non te ne compra di stretti!	*flared* *underwear*
Luigino	Beh, i compagni mi prendono in giro*, e poi i miei pantaloni costano poco.	*make fun of me*
Papà	Questo vuol dire che, chi più chi meno, siamo tutti schiavizzati dai precetti della moda.	
Lucia	Però c'è anche della gente indipendente che si veste come vuole.	
Mamma	Mm... Entro certi limiti. C'è un punto in cui ci si sente a disagio*, fuori posto*.	*one feels uncomfortable / out of place*
Papà	A meno che non sia di moda essere differenti. Fino all'anno scorso incontravi zingare* dalle gonne lunghe lunghe, barbarelle in tute attillatissime*, principessine con le camicette romantiche...	*gypsies* *very close fitting jumpsuits*
Luigino	Divertente!	
Mamma	Ora però la moda torna verso l'eleganza classica e la femminilità. Perfino Lucia possiede due gonne e un vestito.	
Luigino	E pensare che io credevo che avesse le gambe storte!	
Papà	Anche Lucia, a modo suo, seguiva la moda, solo che con i suoi jeans e i suoi straccetti* non aiutava molto la bilancia dei pagamenti.	*little rags*
Luigino	La bilancia... di che cosa?	
Papà	Dei pagamenti, cioè il rapporto tra le importazioni e le esportazioni di un paese. Se Gianni Versace esporta tanti pantaloni a mongolfiera, entra in Italia tanta moneta pregiata con cui comprare, per esempio, tanto ferro*.	*iron*

Luigino   Ho capito, vuoi dire che Teresa, oltre ad essere buffa, è anche patriottica.

Papà   (ridendo) Pressappoco.

Livello II

Lucia non ritiene di aver sviscerato* il proble-   *thoroughly examined*
ma. L'indomani trova la maniera di parlarne ancora
con Mario e Sandro.

Lucia   Che cosa ne pensate voi ragazzi della moda?

Mario   La moda?! Hai un'aria talmente seria che pensavo stessi meditando sulla *Poetica* di Aristotele!

Lucia   Infatti è una cosa seria; mi domando se si   *leave it out of acco-*
può prescindere da essa* o se dobbiamo   *unt / give in to it*
per forza sottostarle*.

Sandro   Non credo che ci sia maniera di sottrarse-   *avoid it*
ne* completamente. I vestiti, le automobili,   *home furnishing*
l'arredamento*, perfino le diete e le parolacce vengono e passano di moda.

Lucia   E la gente ci sta*, voglio dire, prendi l'ab-   *accepts it*
bigliamento*, i vestiti dovrebbero avere   *clothes*
una funzione pratica, hai freddo e ti metti
il cappotto, ma un cappotto può durare dieci anni e anche più.

Mario   E invece le donne lo cambiano alla fine della stagione.

Sandro   Non tutte, per fortuna! Comunque che cosa spinge a seguire la moda, quindi a rinnovare il guardaroba?

Mario   Mah, sai, le ragazze vogliono essere belle; secondo me sotto sotto c'è sempre il desiderio di seduzione.

Lucia   Anche gli uomini badano alla moda*. Quan-   *pay attention to fa-*
to all'essere belle ti sbagli, molte di noi   *shion*
sono come sono, non si truccano, portano i jeans...

Mario   E tengono i capelli sciolti, portano strane gonne e indossano tutti quegli orecchini e quelle collanine. E' una forma di seduzione non convenzionale.

35

Lucia   Parli come mio padre. Insomma, vuoi dire che uno non può essere se stesso?

Sandro   Forse uno è se stesso nella misura in cui opera delle scelte; anche il vestito dice un po' come siamo, è indice del nostro gusto

Lucia   La mia vicina ieri era molto elegante, ma non so se ha buon gusto, forse ha solo molti soldi.

Mario   Che cos'è il buon gusto?

Lucia   Non lo so... Mia madre ha le sue teorie sull'abbigliamento, misura i colori, la linea, gli equilibri, giudica un vestito come se fosse un'opera di architettura.

Sandro   Ma il buon gusto non riguarda solo il vestito, è una maniera di essere, di comportarsi.

Lucia   Vuoi dire che è l'espressione della nostra realtà interiore... Allora, quello che chiamiamo buon gusto potrebbe essere anche cattivo gusto...

Mario   Dio mio, ragazzi, come siete seri! Siamo partiti da un paio di pantaloni e siamo finiti davvero ad Aristotele!

DOMANDE

Livello I

1 Dov'è Lucia e che cosa fa?

2 Chi è Teresa?

3 E' elegante Teresa? Che cosa indossa?

4 I pantaloni con le pieghe la fanno più bella?

5 Perché li ha comprati secondo voi?

6 E' vero che le donne si vestono per farsi guardare dagli uomini?

7 E' vero che siamo tutti soggetti alle leggi della moda? In che senso?

8 Che cos'è l'eleganza?

9 Il nostro modo di vestire esprime qualcosa? Che cosa?

10 Che cos'è la bilancia dei pagamenti?

Livello II

11 Oltre ai vestiti quali mode influenzano la nostra vita?

12 Nella vita abbiamo bisogno di molte cose: una casa, dei vestiti, possibilmente un mezzo di trasporto. Come devono essere?

13 Gli oggetti che possediamo esprimono qualcosa? Sono dei simboli?

14 Se tutti portassimo una tunica d'estate e una pelliccia d'inverno come sarebbe il mondo?

15 Perché i soldati portano la divisa?*   *uniform*

16 Indossiamo uniformi anche noi? Quando?

17 E' vero o no che il vestito è un elemento di seduzione? Perché?

18 Dato che ciascuno ha i suoi gusti, si può parlare di buon gusto in generale?

19 Quanto dovrebbero durare oggetti come: un cappotto, un paio di scarpe, un golf*, un paio   *inv. = sweater*
di pantaloni?

20 E' giusto che si spendano somme favolose per seguire la moda mentre altri muoiono di fame e di freddo?

21 Dobbiamo bruciare tutte le boutique eleganti e i negozi di pellicciaio e di gioielliere?

ATTIVITA'

A « La moda è fondamentale per l'economia e il commercio ». Commentare.

B C'è un proverbio italiano che dice: « Chi più spende, meno spende ». Vero o falso? Perché?

C Sostenere con gli argomenti opportuni e con esempi uno degli atteggiamenti che seguono.

   1) A me piace cambiare, quindi compro tante cose a buon mercato e alla fine della stagione butto via tutto.

   2) A me piacciono le cose belle, quindi compro solo articoli di qualità; sono molto più cari ma durano tanto tempo.

   3) Io non sto a pensarci tanto, compro quello che mi piace a seconda dei soldi che ho in quel momento.

   4) Io compro quasi tutto al mercato dell'usato, ci si trovano delle cose bellissime.

D Sia le donne che gli uomini usano gioielli, veri o magari di bigiotteria.* C'è una ragione? I gioielli hanno un significato?   *trinket*

E « Il mio abito e la mia casa devono essere tali che il ricco si trovi a suo agio* e il povero non si trovi a disagio* ». Commentare.   *at ease* / *ill at ease*

TESTO DI LETTURA

La moda è una tiranna. Non ci credete? Pensate che uno si possa vestire come vuole? Chi decide che quest'anno si deve portare un cappotto di piumino d'oca? Vi piacerebbe un cappotto di loden con il piegone dietro e il capuccio? Avrete un bel cercare, perfino il Tirolo li svendono, non sono più di moda, non lo troverete di sicuro. Provate a fare una passeggiata in centro con un paio di pantaloni a zampa d'elefante; vi guarderanno come se veniste da Marte. L'anno scorso a New York era indispensabile possedere almeno un golfino di color lavanda, quest'anno a Roma, a Parigi, a Ginevra trionfa un solo colore: il verde marcio. Ma fate attenzione, signore, le scarpe devono avere il tacco basso ed essere color oro vecchio. Gli occhi invece non si ombrano* più di verde, di azzurro o di grigio, per carità! Quest'anno è di moda il rosso amaranto, me l'ha spiegato la signora che era seduta vicino a me in treno. Era vestita come un'indossatrice di *Vogue*, peccato che avesse almeno centocinquant'anni, e poi, con quegli occhi rosso scuro, sembrava che avesse fatto a pugni col marito prima di uscire.

shade

Non sorridete, signori uomini, *Vogue* ha pensato anche a voi e c'è una edizione destinata alla moda maschile. Se avete bisogno di una camicia nuova non c'è speranza, la troverete soltanto con il colletto ridicolmente piccolo, e l'abito avrà il panciotto, se non vi piace o non è nel vostro stile lo potete lasciare nell'armadio, l'essenziale è che lo paghiate.

Vi ricordate le gonne scozzesi a pieghe degli anni quaranta? Sono « up » di nuovo. Io, che non butto via mai niente, sono andata a rovistare* in soffitta* e ne ho trovate due o tre. E sono di lana buona, chè l'acrilico non lo avevano ancora inventato. Diceva bene mia madre: « La moda viene, va e torna ». Dopo tutto c'è un limite alle variazioni possibili e dopo un po' di anni si rifriggono i temi passati.

rummage / attic

conversazione 5

LA DONNA DEGLI ANNI OTTANTA

Si è tenuto recentemente a Milano un convegno* *meeting*
su « La Donna Italiana degli Anni Ottanta ». Per
iniziativa della Società Editrice Mondadori, la quale tra le sue varie imprese editoriali pubblica anche giornali femminili, un gruppo di esperti ha
fatto un sondaggio* su un campione rappresentati- *opinion poll*
vo di donne italiane comprese tra i quindici e i
cinquantacinque anni. Vale la pena di notare che
il numero di donne italiane comprese tra tali limiti
di età è vicino ai sedici milioni. Nel convegno, te-
nutosi all'Università Bocconi, si sono presi in esame i risultati del sondaggio e i giornali hanno de-
dicato ampio spazio all'argomento.

Mario Insomma, avete fatto fuori* tutti i valori *colloq. = you dispo-*
tradizionali. Sentite la relazione del « Cor- *sed of*
riere »:

« il matrimonio non è più considerato come
necessario; la maternità è intesa come una
esperienza che consenta alla donna un arricchimento personale; la religione continua
ad essere importante, dicono, però in chie-
sa ci vanno in pochi... ».

Lucia Non far l'idiota*! Nessuno pensa di buttar *don't be silly*
via « tutti » i valori tradizionali, è solo che
si guarda alle cose da un altro punto di
vista.

Sandro Forse Lucia ha ragione. Del resto dal convegno sono emersi valori nuovi. Non si parla
più di mogli sottoposte ai mariti, si rico-
nosce invece alle donne indipendenza di
giudizio e libertà di prendere decisioni personali.

Lucia Certo. Inoltre si ammette che la donna abbia un lavoro responsabile fuori di casa non

solo per quadrare il bilancio*, ma allo sco- *to make ends meet*
po di ottenere soddisfazione personale e indipendenza economica.

Sandro   A proposito di soldi, le donne chiedono anche di partecipare all'amministrazione del
patrimonio. E' finita l'epoca del marito che
dà alla moglie la « busta » con i soldi per le
spese di casa e si tiene il resto.

Lucia   Vorrei vedere! Basta con i privilegi maschili! Le donne vogliono anche partecipare alla vita politica attiva. Niente di strano. Il
tutto si riassume nel concetto di parità.

Mario   Abbi pazienza! La società è andata avanti
per secoli rispettando certi valori e certi
ruoli tradizionali; adesso voi fate la rivoluzione.

Lucia   E perché no? Tanto più che i tuoi valori e i
tuoi ruoli hanno funzionato benissimo a
stabilire per la donna un rapporto di dipendenza.

Mario   Mia madre non è dello stesso parere. Secondo lei la donna è sempre riuscita a ma-
novrare le cose in modo da ottenere esatta-
mente quello che vuole, e direi che la letteratura le dà ragione. La vittima, semmai,
è il marito che nella nostra buona società
borghese spesso è ridotto a macchina per
far quattrini*.   *money*

Sandro   C'è una dose di verità in quello che dice tua
madre; ma vedi, questo significa che la donna, trovandosi in condizione di inferiorità,
è riuscita ad ottenere con l'astuzia* e il *sa-* *cunning*
voir faire quello che avrebbe dovuto avere
di diritto.

Mario   Non parli del diritto di spendere tutti i
soldi del marito, spero.

Lucia   Ma fammi il piacere*! Hai capito benissi-   *come now*
mo cosa voleva dire Sandro. E poi, basta
leggere le statistiche per vedere che adesso
ci sono moltissime donne che lavorano e i
soldi li portano a casa.

Mario   Si, si, ma a casa le cose vanno a rotoli*.   *everything is fallimg*
Torni a casa e i letti sono ancora da rifare, *apart*
spesso e volentieri non ti puoi cambiare

42

perché la biancheria è tutta nel cesto dei panni sporchi, e i figli sono stati tutto il giorno al nido* e conoscono la maestra *nursery* meglio della mamma. Se poi invece di due o tre anni ne hanno dodici o tredici, Dio solo sa cos'hanno fatto dopo scuola.

Lucia   Il solito sciovinista! I letti li rifà chi torna prima o chi esce dopo. E' proprio perché la maggior parte degli uomini italiani la pensa ancora come te che le donne, tanto per cambiare, ci rimettono*. Lavora pure, *lose* ma a casa deve funzionare tutto, la cena pronta e le pantofole in caldo vicino al caminetto per quando torna il signore.

Sandro   Pace, ragazzi, pace! Forse non è male ricordare che con quello che costa la vita un solo stipendio non basta più; se non ci sono beni di fortuna*, c'è comunque bi- *if one is not indepen-* sogno che la donna lavori per quadrare il *dently wealthy* bilancio.

Mario   Questo è un altro discorso, se è necessario è necessario.

Lucia   Neanche per idea! Il criterio non deve es- *not at all* sere quello della necessità di bilancio. Il lavoro è un mezzo di esprimersi, di essere indipendenti, di ottenere soddisfazioni personali. Non è facile sentirsi libere quando si devono chiedere i soldi al marito.

Sandro   E pensare che in certe famiglie il marito non solo amministra i suoi beni, ma anche il patrimonio della moglie.

Lucia   Vorrei sapere in quante famiglie italiane esiste un conto in banca in comune e quante mogli hanno il libretto degli assegni nella borsetta.

Sandro   Poche.

Mario   Si vede che non l'hanno mai chiesto, sanno spendere benissimo lo stesso. No, no, non mi guardate male, in fondo scherzavo, lo sapete che mi diverto a provocare.

Lucia   Si, ma scherzando scherzando dici le tue opinioni, e le tue opinioni non vanno d'accordo con le mie.

Sandro   Questa non è una novità.

Mario   Sai Lucia? Mi piaci proprio quando ti arrabbi. Lasciami dire un'altra cosa: secondo me della mamma c'è bisogno in casa, se non per i letti, per stare con i figli. E a proposito, la storia della maternità intesa come arricchimento personale non mi va proprio giù*.

I can't swallow it

Lucia   I figli hanno bisogno anche del padre e arricchiscono anche lui. A te manca il concetto della collaborazione.

Sandro   Amen.

DOMANDE

1 Quale è stato l'argomento del convegno di Milano?

2 Come sono stati raccolti i dati?

3 Quali sono i valori tradizionali messi in discussione?

4 Quali sono, o sono stati, i ruoli tradizionali dell'uomo e della donna?

5 E' vero che essi hanno messo la donna in posizione di dipendenza rispetto all'uomo? In che modo?

6 Quali sono i valori nuovi emersi dal sondaggio?

7 Nella società contemporanea il matrimonio è o non è un istituto necessario?

8 Se si sopprime il matrimonio, su quali regole si baserà il rapporto di coppia?

9 La fedeltà è ancora una virtù necessaria?

10 A chi spetta amministrare il bilancio familiare?

11 Chi si occupa delle faccende domestiche*, della spesa* e della cucina?*   *housekeeping grocery shopping cooking*

12 Chi si occupa del bebé?

13 A chi la maggiore responsabilità dell'educazione dei figli?

14 In che misura la religione interessa il rapporto di coppia?

15 Fino a non molto tempo fa l'uomo era il capo della famiglia e prendeva tutte le decisioni importanti, comprese quelle che riguardavano la vita della moglie e dei figli. Qual'è la situazione attuale? Secondo voi è necessario o no che ci sia qualcuno investito di autorità a cui spetti l'ultima parola?

16 La donna era tradizionalmente « la sposa », « la madre », « l'angelo del focolare », doveva essere piena di amore, di pazienza, di generosità e di spirito di sacrificio verso il marito, i figli e la casa. E adesso? Forse le donne non amano più, non sono più generose, pazienti ecc.?

17 Che cosa spinge la donna a cercare un lavoro fuori di casa?

18 Quali sono le professioni preferite dalle donne?

19 C'è una preferenza per le attività a tempo parziale? Perché?

20 Ci sono difficoltà per le donne che vogliano diventare chirurgo, architetto, ingegnere, direttore d'azienda? Avete notato che i nomi delle professioni sono maschili? Sapete perché?

21 Perché le donne hanno in genere attività più modeste in quelle degli uomini? Forse sono più stupide?

22 E' giusto che anche le donne si dedichino attivamente alla vita politica?

23 Secondo voi di che cosa ha bisogno una donna per sentirsi realizzata?

ATTIVITA'

A Qui di seguito troverete in ordine alfabetico una lista di qualità da attribuire alla donna ideale. Riscrivetele in ordine di importanza:
1 amore per la famiglia; 2 bellezza; 3 bontà; 4 comprensione; 5 coraggio; 6 dolcezza; 7 eleganza; 8 generosità; 9 intelligenza; 10 operosità*; 11 pazienza; 12 sicurezza di sé*.

laboriousness
self confidence

B Parlate della condizione della donna in altri paesi del mondo.

C Parlate del matrimonio, istitito e folklore, in altri paesi del mondo.

D Parlate delle difficoltà delle donne a fare carriera in territori tradizionalmente maschili.

E Parlate pro o contro uno degli argomenti seguenti:
   a) se è il marito a portare a casa i soldi, è lui che li amministra;
   b) anche quando in casa entra solo lo stipendio del marito, le decisioni che riguardano il bilancio si prendono insieme;
   c) due stipendi, due conti in banca e ciascuno

si occupa di certe spese prestabilite (es.: tu vitto-vestiario-varie, io alloggio-utenze-divertimenti-vacanze);

d) due stipendi, conto in banca in comune, decisioni in comune, fiducia reciproca e senso di responsabilità da parte di ambedue.

F   Date un giudizio meditato sulle donne che desiderano la maternità al di fuori del matrimonio e parlate delle possibili conseguenze per i figli.

G   Parlate dei vantaggi e degli svantaggi del lavoro femminile per la società.

TESTO DI LETTURA

Ginevra, 19 gennaio, 1982

Carissima,

gli amici della compagnia filodrammatica* hanno messo in scena una farsa francese in cui, tanto per fare una cosa nuova, si parla di intrighi di donne. Sebbene avessi litigato con loro per la scelta del soggetto, ho finito per divertirmi un mondo nel partecipare alla compilazione del programma. Forse non è giusto affermare soltanto che mi sono divertita, a dir la verità mi sono anche arrabbiata a morte. Infatti, oltre alla parte locandina* vera e propria, volevamo riempire alcune pagine in modo da poterne utilizzare il verso* per la pubblicità. Si è pensato di includere opinioni di scrittori sul tema donna. Che malelingue! La donna è presa in giro* senza pietà se non addirittura aggredita* con parole velenose. Non si rendono conto loro, gli scrittori, che dopotutto la donna è sempre in cima ai loro pensieri! Chissà quanti di loro hanno amato disperatamente senza essere corrisposti, poveretti!

amateur theatre company

the page with the actual program of the play
back

made fun of
attacked

Ti mando un po' di giudizi alla rinfusa* semmai volessi commentarne qualcuno con i tuoi studenti.

= as they come, without order

Quando conti di venirci a trovare?

Ciao. Ti abbraccio

Diana.

« Quale che sia il male che un uomo possa pensare delle donne, non c'è donna che non sia capace di pensare ancora peggio di una sua rivale ». (Chamfort)

« Essere donna è terribilmente difficile perché consiste soprattutto nell'avere a che fare con gli uomini ». (J. Conrad)

« La donna è, secondo la Bibbia, l'ultima cosa che Dio ha creato. Deve averla fatta di sabato sera. Si sente la fatica ». (A. Dumas figlio)

« Ecco il miglior consiglio per un uomo ragionevole: non credere mai a una donna, nemmeno se ti dice la verità ». (Euripide)

48

« Io non ho mai avuto fortuna con le donne. E' sempre arrivato il momento in cui la loro idiozia ha superato il mio amore ». (P. Léautaud)

« Siamo noi che diamo alle donne il loro valore; è per questo che non valgono niente ». (O. Mirabeau)

« Cherchez la femme »   Frase pronunciata da un poliziotto parigino
(Cercate la donna)   in un dramma di A. Dumas padre. Morale:
                         c'è sempre una donna all'origine di ogni
                         intrigo.

La catena del matrimonio è talmente pesante che bisogna proprio essere in due a portarla, qualche volta in tre ». (A. Dumas figlio)

« Ci si ama per tre mesi, si litiga per tre anni, ci si tollera per trenta; e i figli ricominciano ». (H. Taine)

conversazione 6

IL LAVORO DELL'UOMO

Livello I

Mario è fuori di sé*. Ha portato ad aggiustare la macchina e il motore fa lo stesso rumoraccio di prima. *out of his mind*

Mario   Scommetterei* la testa che non le hanno fatto proprio niente. *I would bet*

Sandro   Non è del tutto improbabile.

Mario   E mi hanno presentato un conto allucinante.

Lucia   Penso che ti convenga cambiare meccanico. Dammi retta*, vai da Toni, è molto bravo e soprattutto è onesto. *listen to me*

Sandro   E' vero. Mio fratello, che era qui di passaggio, gli ha portato la sua FIAT. Toni ci ha lavorato tre quarti d'ora buoni e quando si è reso conto di non riuscire a riparare il guasto in tempo utile, ha restituito la macchina senza farsi pagare.

Mario   Ma dove l'avete trovato uno così? Quella è una perla rara!

Lucia   Non c'è dubbio. Ed è triste, vedi, che sia un'eccezione!

Sandro   Mi viene in mente la storia dello spaccapietre. La conoscete?

Lucia   Raccontala!

Sandro   In un borgo medievale degli uomini lavoravano a spaccare pietre*. Passa un ricco signore e domanda a uno di loro: *to cut stones*
— Che cosa fai?
— Come che cosa faccio? Non lo vedi? Spacco pietre.

Il ricco signore procede verso un altro operaio.
— Che cosa fai?
— Maledizione*! C'è bisogno che te lo dica? Mi sto ammazzando di lavoro per portare a casa il pane alla moglie e ai figli.

dammit

Il ricco signore fa ancora qualche passo. Sul ciglio della strada un uomo lavora in silenzio con abilità e precisione.
— Che cosa fai?, domanda anche a lui il signore.
— Ma come, non lo vedi? Costruisco una cattedrale!

Mario   Notevole! Mi domando se al giorno d'oggi si trova ancora qualcuno che lavora con quello spirito.

Sandro   Forse sì, ma sono eccezioni. La tendenza generale è quella di cercare di guadagnare molto lavorando poco.

Lucia   Mica male come idea! Solo che bisognerebbe lavorare bene. I nostri bisnonni lavoravano dodici ore al giorno e si arricchivano soltanto i padroni. Adesso quaranta ore settimanali sembrano troppe. Il nostro tenore di vita si è infinitamente elevato, vogliamo tempo libero e mezzi per dedicarci ad altre attività. Non posso dire di essere in completo disaccordo. Dopo tutto nessuno osa più affermare che siamo nati per soffrire. Va bene lavorare poco, ma che sia un lavoro onesto e coscienzioso.

Mario   Vallo a dire al mio meccanico.

Sandro   Diciamo che il tuo meccanico è un caso limite, ma purtroppo anche Toni è un caso limite.

Livello II

Lucia   Insomma, che cosa è successo? Vediamo. Senza dubbio c'è una forte spinta alla produzione. Bisogna lavorare in fretta per mantenere bassi i costi in modo da essere competitivi sul mercato sia interno che internazionale.

Mario	Questo è un grosso problema che non interessa il piccolo artigiano, ma la grande industria; e non possiamo neanche dire di averlo risolto bene perché, se non erro, i Giapponesi ci battono su tutta la linea.
Sandro	E in che modo, secondo te?
Mario	E' semplice: lavorano di più, scioperano* di meno e producono merce* migliore. E sono sicuro che in media hanno meno vantaggi e guadagnano meno di noi.
Lucia	Pensa, Mario, per una volta siamo d'accordo! Non me ne intendo, ma che i Giapponesi producono orologi e strumenti di precisione di ottima qualità lo sapevo anch'io.
Sandro	Mi domando se lavorano con lo spirito dello spaccapietre.
Mario	Non esageriamo! Lo spaccapietre consapevole e fiero* di costruire una cattedrale era uno su tre e nessuno ci dice cosa pensassero tutti gli altri.
Sandro	Eppure aveva uno spirito che dovrebbe essere più diffuso.
Lucia	Si, è vero. Dimmi quante sono le persone di tua conoscenza che fanno con passione e dedizione il loro lavoro.
Sandro	Abbastanza, a dir la verità, ma potrebbe esserci differenza tra le professioni liberali e gli altri tipi di lavoro.
Mario	Potrebbe. Ma pensa alle opere meravigliose che riuscivano a produrre non dico gli artisti, ma gli artigiani dei secoli passati: macchine complicatissime, armi e armature finemente lavorate, mobili, vesellame*, arazzi*... Certo non erano ricchi, ma io penso che dovevano trarre soddisfazione dal proprio lavoro.
Sandro	Si, lo penso anch'io. Il lavoro non riesce bene se non è fatto con un po' di passione.
Lucia	Siamo noi a non essere più capaci di lavorare con interesse o sono le attività a non essere più interessanti?
Sandro	Certo la tecnologia non aiuta la creatività individuale. Montare sempre gli stessi cir-

Margin glosses:
strike
goods
proud
china
tapestry

cuiti o cucire cento volte lo stesso pezzo di cappotto non deve essere molto divertente.

Mario D'accordo, ma non siamo più ai « Tempi Moderni » di Chaplin. Le condizioni ambientali nelle fabbriche* moderne sono ormai piuttosto buone.   *factories*

Lucia Ma l'osservazione di Sandro continua ad essere valida. Evidentemente c'è più routine di una volta. Dalle nove alle cinque in fabbrica, nel grande magazzino o in ufficio, ieri come oggi, come domani... Eppure bisognerebbe riflettere sulla dignità del lavoro e sulla sua funzione. Se non ti puoi esprimere e realizzare attraverso di esso, almeno devi essere consapevole di rendere un servizio alla società.

Mario Eccola la nostra idealista!

Sandro E invece, mia cara, ci sono tanti poveri mortali che si scocciano* e chiedono la diminuzione delle ore lavorative. Per tanta gente avere più tempo libero vuol dire potersi dedicare più attivamente a degli hobby che danno più soddisfazione del lavoro.   *get bored*

DOMANDE

Livello I

1 Perché Mario ha un diavolo per capello?

2 Perché Lucia gli consiglia di andare da Toni?

3 Che cosa pensate della storia dello spaccapietre?

4 In generale, quando comprate un oggetto o un servizio ne siete contenti? E' ben fatto?

5 Secondo Sandro c'è la tendenza di cercare di guadagnare molto lavorando poco. E' vero? Perché?

6 Come si giudica il valore del lavoro?

7 Quali sono i diritti dei lavoratori?

8 Quali sono i doveri dei lavoratori?

9 Qual'è la funzione dei sindacati*?   *unions*

10 Che cosa s'intende per etica professionale?

11 Pensate che sia giusto licenziare* qualcuno per scarso rendimento*?   *dismiss* *poor performance*

12 Come si definisce il lavoro?

Livello II

13 Quali sono, secondo Lucia, le conseguenze negative delle esigenze di mercato? Ha ragione o torto?

14 Mario sembra pensare che i lavoratori giapponesi lavorano meglio degli italiani perché hanno vita più difficile. In generale vi sembra giusto o sbagliato?

15 Il lavoro è una benedizione o una condanna? Perché?

16 Se il mondo fosse la Valle dell'Eden dove il lavoro è sconosciuto, cosa farebbero gli uomini? Come sarebbero?

17 Come si pone e si risolve il problema del tempo libero?

18 Secondo voi, la maggior parte della gente con cui venite in contatto è contenta del proprio lavoro? Ne è fiera*?   *proud*

55

19 Quali sono gli effetti della tecnologia sul lavoro dell'uomo?

20 Perché gli hobby sono tanto diffusi?

21 Esistono valori religiosi o semplicemente spirituali del lavoro? Quali?

ATTIVITA'

Livello I

A Con quale criterio si sceglie un lavoro? Riscrivere in ordine di importanza i dati che qui di seguito sono in ordine alfabetico:
1 attività interessante; 2 benefici supplementari; 3 cassa malattia*; 4 colleghi; 5 condizioni *health plan* ambientali; 6 luogo di residenza; 7 opportunità di imparare cose nuove; 8 possibilità di carriera; 9 rapporti inferiore-superiore; 10 rischio; 11 soddisfazione; 12 stipendio elevato; 13 tranquillità; 14 viaggi.

B Il mio amico Mario è un ingegnere civile innamorato del suo lavoro e spesso rimane in ufficio dopo le 5:00 senza per questo percepire lo straordinario*. Il suo collega commenta: — Sei un fre- *overtime pay* scone*, non ti rendi conto che lavori per i pa- *colloq. = naïve* droni?
Commentare.

C Commentare il vecchio proverbio romano secondo il quale « Chi non lavora non mangia ».

D Parlare del lavoro dell'uomo in altri paesi del mondo.

Livello II

E Esaminare il fenomeno della diffusione degli hobby nella società contemporanea e spiegarne le ragioni.

F La lettera enciclica *Laborem exercens* di papa Giovanni Paolo II incomincia così:
« L'uomo, mediante il lavoro, deve procurarsi il pane quotidiano e contribuire al continuo pro-

gresso della scienza e della tecnica, e soprattutto all'incessante elevazione culturale e morale della società, nella quale vive in comunità con i propri fratelli ».
Qual'è la vostra opinione?

G Difendete una delle tesi seguenti:

a) L'uomo ha diritto a un lavoro che gli permetta di esprimersi e di realizzarsi e che, nello stesso tempo, sia utile alla società.

b) L'uomo deve accontentarsi di fare un lavoro utile alla società.

c) Gli uomini sono uguali, quindi devono avere uguali opportunità di lavoro.

d) Gli uomini differiscono in creatività, abilità, intelligenza e le loro opportunità sono necessariamente differenti.

TESTO DI LETTURA

Nella società contemporanea la relazione che l'uomo occidentale intrattiene con il lavoro è piuttosto ambivalente: da una parte siamo in piena crisi di disoccupazione e un buon posto è ormai una merce rara, dall'altra i fortunati che lavorano anziché considerarsi dei privilegiati hanno spesso l'aria scontenta.

I tempi sono cambiati. Una volta, sia che si trattasse di attività agricola artigianale* o domestica, le ore di lavoro erano lunghe e faticose e il tempo libero praticamente inesistente. Si lavorava per soddisfare le necessità fondamentali della vita, per sopravvivere. L'uomo però, nella maggioranza dei casi, applicava al lavoro la propria abilità e aveva la soddisfazione di vedere l'opera finita prodotta dalle sue mani. Nella seconda metà dell'Ottocento*, grazie alla rivoluzione industriale, l'artigiano* diventa operaio*. Nel *Capitale* Carl Marx denuncia lo sfruttamento* del lavoro e critica il nuovo sistema capitalistico; nelle fabbriche* uomini donne e bambini lavorano in condizioni subumane a beneficio di imprenditori senza scrupoli; nascono le rivendicazioni sociali, gli scioperi* e i sindacati*.

= craft

XIX century
craftsman / labourer
exploitation

factories

strikes / unions

Noi, al giorno d'oggi, siamo piuttosto fortunati in quanto godiamo delle conquiste fatte dai nostri nonni. Il nostro tenore di vita* è infinitamente più elevato; non c'è dubbio che le condizioni di lavoro, le previdenze sociali*, le assicurazioni, l'assistenza medica e, entro certi limiti, gli stipendi ci permettono il lusso di lavorare non tanto per sopravvivere ma per vivere meglio. D'altra parte il lavoro moderno automatizzato, spersonalizzato, obbediente ai dettami* dell'informatica, sembra essere diventato per molti insopportabilmente fastidioso. In cantiere*, in fabbrica, nell'industria o in ufficio c'è bisogno, sì, di una certa attenzione, di un po' di precisione, di un minimo di abilità, ma non c'è più bisogno che l'uomo si applichi con dedizione totale al proprio lavoro. Anzi, spesso è addirittura meglio lavorare automaticamente senza lasciarsi trascinare* dall'originalità o dalla fantasia che potrebbero danneggiare il sistema.

standard of living

social security

orders
construction yard

without being carried away

E' comprensibile allora che la prospettiva di passare quarant'anni di vita in una attività priva di interesse diventi insopportabile. La gente si annoia e chiede la settimana corta, cioè la riduzione delle ore lavorative, per dedicarsi ad altre attività come il giardinaggio o il « fai da te ». E' interessante notare come si sia tornati a dedicarsi per divertimento ad attività che per secoli sono state prerogativa di artigiani e operai specializzati; oggi la ceramica, la tessitura*, il merletto*, la lavorazione del vetro, del legno e del cuoio costituiscono altrettanti hobby ai quali si dedica un numero sempre crescente di persone. Si direbbe che l'uomo moderno, stanco di un lavoro fatto senza passione, abbia bisogno di rimettere in funzione le mani, di produrre oggetti tangibili e interi da riconoscere come opera propria.

= *do it yourself*

weaving / *lace*

conversazione 7

LA VIOLENZA

Sembrava una cosa da niente, un piccolo incidente di macchina: una portiera ammaccata*, un paraurti* un pò rincagnato* da una parte. I due automobilisti si sono messi a litigare*, poi sono venuti alle mani* e il tutto è finito a coltellate* ché uno dei due aveva un coltello e serramanico* in tasca. Polizia, ambulanza, pronto soccorso*... forse domani i giornali ci diranno come è andata a finire.

a dented door
bumper | crushed
quarrel
started a fight | stabs
hinge knife
emergency room

Mario   Quei due si sono mezzo ammazzati per niente.

Sandro   Dovevano essere ben nervosi*.   *short tempered*

Lucia   E' chiaro che l'incidente è stato l'occasione che li ha scatenati* e che ciascuno di loro doveva avere una riserva di ira repressa.

caused them to lose their heads

Sandro   Evidentemente viviamo in un mondo violento.

Mario   Lo dicono tutti, ma è proprio vero?

Sandro   I fatti parlano da soli.

Mario   Io continuo a pensare che i nostri antenati* erano molto più violenti di noi. Pensate per quanto tempo l'uso della forza è stato fondamentale per la sopravvvivenza.

ancestors

Sandro   Non è solo questione di andare a spasso con un'arma* in tasca. Ci sono tanti tipi di violenza.

weapon

Lucia   Appunto*! Era proprio quello che stavo pensando. La forma più evidente è la violenza fisica, contro le persone, basta pensare a ferimenti*, assassinii, stupri* e roba del genere.

that's it

stabbings | rapes

Mario	Per questo ci sono anche delle forme di violenza collettiva, pensate al terrorismo, alla guerriglia, alla rivoluzione.	
Lucia	E lo sciopero?	
Sandro	E' una forma di violenza anche quella. E tu, Mario, pensi ancora che siamo tanto pacifici?	
Mario	Si... in un certo senso. Vedi, quelle sono forme di violenza organizzate, spesso dipendono da decisioni collettive, perfino democratiche e che nascono da motivi ideali.	
Sandro	Ma non per questo sono meno sanguinose*.	*bloody*
Mario	E' vero, ma sono pur sempre più... non so come dire... civili. Quello che volevo dire è che la violenza privata si manifesta meno frequentemente; secondo le statistiche, perfino in Italia e nonostante il terrorismo, l'omicidio è in ribasso*.	*declining*
Lucia	Io le statistiche non le ho lette, ma di solito dò un'occhiata* alla pagina di cronaca nera* del giornale e tra risse*, furti* e sturpi non c'è molto da stare allegri*.	*I glance* *crime and accident page* *fights* *burglaries* / *rejoice*
Mario	Il furto, comunque, è un'altra cosa.	
Sandro	Come sarebbe a dire*?	*what do you mean*
Mario	Il furto provoca un danno alla proprietà, alle cose, non alle persone. Quanto al resto tieni conto che viviamo in una grande città, con un'alta concentrazione di abitanti e un mucchio di problemi sociali. E poi i cronisti* sono avidi di scandali da scrivere sui giornali. Una volta la gente si scannava* ed erano in pochi a saperlo.	*reporters* *butchered one another*
Lucia	La gente si scanna ancora, di fatto e metaforicamente, solo che usa mezzi meno teatrali. Pensa alle infinite violenze psicologiche alle quali siamo sottoposti.	
Sandro	Su questo non ho dubbi: ci sarà sempre un « più forte » al quale non ti puoi ribellare o un più intelligente al quale non riuscirai a dimostrare la giustezza del tuo punto di vista.	

Mario	Ma questo fa parte della condizione umana! Pensate invece ai privilegi che ci offre il mondo contemporaneo rispetto a quelle che erano le condizioni di vita del passato: siamo più o meno in pace e speriamo che duri; si continua a parlare di recessione ma viviamo benino, contornati da strumenti grandi e piccoli che hanno quasi eliminato la fatica fisica; attraverso il sistema democratico possiamo manifestare le nostre opinioni e la nostra volontà...
Lucia	Non ti ho mai sentito così ottimista!
Sandro	E' vero! Cos'è successo? Ti sei innamorato di una sociologa?

DOMANDE

1 Che tipo di incidente è avvenuto?

2 Quali ne sono state le conseguenze?

3 Gli automobilisti americani sono nervosi? Come si comportano in caso di incidenti?

4 E' vero che certe occasioni ci servono soprattutto per sfogare* la nostra rabbia personale? Per esempio?   *let out*

5 Secondo voi viviamo in un mondo violento?

6 Ha ragione o torto Mario quando afferma che i nostri antenati erano più violenti di noi? Perché?

7 Chi sono i violenti?

8 Quali sono le forme di violenza privata?

9 Quali sono le forze di violenza collettiva?

10 Si può affermare che alcune sono migliori di altre? Si? No? Perché?

11 Quali forme di violenza sono riportate dai giornali della vostra città?

12 Il furto è una forma di violenza?

13 Quali sono secondo voi le forme di violenza più diffuse?

14 Date esempi di violenze psicologiche che si manifestano nei rapporti umani.

15 Secondo voi la violenza è o no propria della natura umana? Perché?

16 Vi sembra che col progredire della civiltà gli uomini diventino meno violenti? In che misura?

17 In passato, se la violenza era legata alla sopravvivenza, dovevano essere violenti quasi tutti. E adesso?

18 Forse abbiamo trovato altri sbocchi* per la nostra violenza primitiva? Quali?   *outlets*

ATTIVITA'

A   Raccontate un litigio* avvenuto in seguito ad un incidente.   *quarrel*

B   Parlate di un attentato* o di un delitto celebre (es.: contro il Papa, un capo di stato, una personalità della cultura, ecc.).   *attempted assassination*

C   Raccontate una storia che contenga una forma di violenza contro la persona.

D   Raccontate una storia che contenga una forma di violenza contro la proprietà.

E   In Italia per possedere un'arma da fuoco, compreso il fucile da caccia*, è necessario il « porto d'armi », cioè la licenza a portare con sé armi rilasciata dal questore*. Parlate pro o contro l'istituzione del « porto d'armi » negli Stati Uniti.   *hunting gun*   *chief of police*

F   Giustificate* il successo di certi film violenti.   *explain*

G   I bambini giocano alla guerra, con un pezzo di legno se non hanno una rivoltella giocattolo*. E noi a quali giochi giochiamo? Cioè, con quali forme di violenza imponiamo la nostra volontà?   *toy revolver*

TESTO DI LETTURA

Secondo studi recenti la violenza è in diminuzione in tutti i paesi d'Europa, negli Stati Uniti invece non accenna a recedere e i sociologi ne vedono le cause, tra l'altro, nella mistica delle armi da fuoco e nell'esistenza di minoranze razziali non integrate.

Bisogna però distinguere la violenza usata contro le persone da quella diretta contro la proprietà. E' la prima che è in diminuzione, l'altra, e cioè il furto* il furto con scasso* la truffa*, è in aumento. *theft / burglary swindle*
Sono ancora i sociologi a dirci che la delinquenza « banale »* è la conseguenza dell'aumento della popolazione verificatosi dopo la guerra, il cosiddetto « baby boom », dell'immensa proliferazione dei beni materiali e di un certo diffuso indebolimento del rispetto della proprietà. *trivial*

Le due forme di violenza, però, non sono rappresentabili sotto un comune denominatore. La violenza fisica fatta ad una persona è reato* ben più grave del danno apportato ai suoi beni*; a meno che noi non ci valutiamo per quello che possediamo più che per quello che siamo. *crime property*

Nel mondo contemporaneo è molto diffuso un certo senso di insicurezza. Gli atti di violenza, specialmente se poco comuni, provocano spavento*, si ingradiscono nel passare da una bocca all'altra, sono diffusi dalle fonti di informazione e contribuiscono a creare l'impressione di catastrofi imminenti. E noi quasi quasi ne siamo affascinati di riflesso. Evidentemente non abbiamo perduto i nostri impulsi aggressivi, li abbiamo soltanto addomesticati*; non si spiega altrimenti il successo di certi film. Non sono in pochi a ritenere che l'insicurezza normalmente attribuita ad un preteso aumento della violenza cristallizza invece l'angoscia del mondo contemporaneo di fronte alla morte. Anziché far leva su sentimenti irrazionali e intimidatori, dicono ancora i sociologi, faremmo bene a sdrammatizzare. A coltivare la paura si corre il grandissimo rischio di far sorgere una violenza ancora più forte. *fear*

tamed

conversazione 8

DEI DELITTI E DELLE PENE

Livello I

Durante una pausa tra una lezione e l'altra, Mario arriva con il giornale in mano mostrando un titolone in prima pagina.

Mario   Avete sentito? Sono evase* in tre.   *escaped*

Lucia   Già, sono tre brigatiste rosse e sono fuggite da una prigione di massima sicurezza.

Mario   Non per niente una volta i carcerati avevano la palla al piede, non doveva essere facile correre.

Sandro   Intelligenti, però! Hanno fatto scoppiare una bomba sotto il muro del carcere nel momento in cui le detenute* erano in cortile* per l'ora d'aria, il muro s'è rotto e loro sono scappate in una macchina che era lì pronta ad aspettarle.   *the prisoners* / *jail yard*

Mario   E dei passanti sono rimasti feriti nell'impresa, anzi, uno è morto d'infarto* poco dopo. Vedi, io, quelle se le trovassi, le ammazzerei; con tutti i massacri di cui sono responsabili loro e quelli del loro gruppo se lo meritano di sicuro.   *heart attack*

Lucia   Niente da fare, caro, la pena di morte in Italia è stata soppressa fin dal 1944.

Sandro   E' vero. E' stata abolita anche in molti altri paesi del mondo, eppure sono in atto diverse iniziative per ripristinarla.

Lucia   Non ci mancherebbe altro! La vita fa parte dei diritti fondamentali dell'uomo.

Mario   Quale vita, quella degli assassini* o quella degli assassinati*?   *murderers* / *victims of crime*

Sandro	Buoni, ragazzi, calma, sennò finiamo col litigare.
Mario	Neanche fosse una cosa nuova!
Sandro	Quello che mi preoccupa è che ci doveva essere una efficientissima comunicazione tra le detenute e il mondo esterno.
Mario	Certo, non stanno mica in gabbia* come Papillon. Hanno diritto alla passeggiata, alle visite, alla televisione...
Lucia	A sentir te si direbbe che sono alloggiati al Grande Hotel. Hai letto di quei tre di San Vittore a Milano che stanno facendo lo sciopero della fame?
Mario	Mi pare, sì, ma non ricordo i particolari.
Sandro	Si tratta di tre che sono stati arrestati in quanto presunti terroristi. Niente è stato ancora provato. Loro da un anno sono in carcere preventivo in attesa di giudizio e non si sa quando si celebrerà il processo*.
Lucia	Per disperazione da cinque settimane rifiutano il cibo.
Mario	In un caso del genere io procederei all'alimentazione forzata.
Sandro	Non si può. La legge stabilisce che si può ricorrere all'alimentazione forzata solo in caso di malattia mentale, e quelli non sono matti.
Lucia	Sarebbe meglio modificare le norme che regolano la detenzione preventiva e la libertà provvisoria. Visto che la magistratura non riesce a smaltire le pratiche istruttorie* in un tempo ragionevole, dovrebbe concedere agli accusati la libertà provvisoria.
Mario	Già, così se quelli sono davvero dei terroristi si rimettono tranquillamente a massacrare il prossimo.

cage

trial

expedite preliminary investigations

Livello II

Sandro   Ci sono dei problemi di fondo estremamente complessi, e non solo in Italia. In primo luogo la magistratura è carente*, *understaffed* cioè non ci sono abbastanza giudici; inoltre non ci sono abbastanza stabilimenti di pena*, le celle sono sovraffollate, è inadeguato il numero di assistenti sociali, di psicologi, di psichiatri... — *prisons*

Mario   E c'è un numero sempre crescente di ladri, di assassini, di terroristi da rinchiudere al più presto dietro le sbarre per evitare che facciano ancora del male alla società.

Lucia   Qui viene fuori un altro discorso ancora. Qual'è la funzione della prigione? Perché mettiamo la gente in galera?

Mario   Beh, senti, non per niente le prigioni si chiamano istituti di pena, o bagni penali alla francese. Questo significa che secondo la società il criminale deve scontare una pena* equivalente al delitto commesso. — *expiate by means of a punishment*

Sandro   Allora, se la società ha il diritto di punire il criminale, ha anche quello di torturarlo per ottenere il nome dei complici.

Mario   Ma dai! Gli attrezzi di tortura sono finiti al museo da tanto tempo!

Sandro   Ci sono dei sistemi più civili del cavalletto o del ferro rovente. Vorrei proprio sapere come si svolgono certi interrogatori.

Mario   Niente di divertente, credo.

Sandro   Lo credo anch'io. Invece la prigione dovrebbe essere semplicemente il luogo in cui uno viene privato della libertà personale. La si può considerare una forma di protezione per la società. Quel tipo è pericoloso, ha commesso dei crimini, noi lo allontaniamo in modo da impedirgli di nuocere* ancora. — *harm*

Lucia   Inoltre la prigione è il luogo in cui il criminale deve trovare gli strumenti necessari alla riabilitazione. Da questo punto di vista il sovraffollamento, la lentezza della magistratura, la penuria dei servizi sociali ecc. non creano certo delle condizioni ideali.

Sandro   Anche il carcerato ha dei diritti, sebbene sia un criminale.

Mario   Siamo andati lontano. Ammetto di essere un po' drastico nelle mie affermazioni e che quello che dite voi, in teoria, è ragionevole; però, in pratica, certe cose io continuo a non capirle. Prendi il terrorista che ha partecipato a una strage, come la bomba in piazza o alla stazione che ha ammazzato e ferito un mucchio di persone. Secondo voi lo devo mettere in una prigione-albergo con camera singola, radio, televisione, psicologo premuroso e visite a volontà ad aspettare che si redima? Ma non vi pare che state esagerando?

DOMANDE

Livello I

1 Che cosa annuncia il titolone in prima pagina?
2 Come è avvenuta la fuga* delle detenute?   *escape*
3 Ci sono state vittime?
4 Mario, se trovasse le tre brigatiste latitanti*, le   *at large* ammazzerebbe. Voi cosa fareste?
5 Che cosa pensate della pena di morte?
6 In che modo una volta i detenuti erano impediti* nei movimenti?   *hindered*
7 Vi sembra un buon sistema?
8 In caso di detenuti molto pericolosi e di alto ririschio di fuga, quali precauzioni prendereste?
9 La vita dell'assassino è importante quanto quella dell'assassinato? Perché?
10 Che cosa deve fare la società per difendersi dai criminali?
11 Come dovrebbe essere l'ambiente fisico della prigione, in particolare: le celle, il refettorio*,   *mess* i cortili, i laboratori*, la biblioteca, la cappella?   *shops*
12 Che cosa è successo nel carcere milanese di San Vittore?
13 In un caso del genere voi concedereste la libertà provvisoria? Terreste gli indiziati in carcere preventivo?

Livello II

14 Negli Stati Uniti, di tanto in tanto, avvengono rivolte nelle carceri. Quali ne sono le cause?
15 Le prigioni sono sovraffollate. Per caso siamo diventati più cattivi?
16 La prigione, o magari* la pena di morte, devono   *perhaps* avere la funzione di deterrente?
17 Esiste ancora la tortura, o la versione moderna di essa?
18 Secondo voi il criminale deve pagare con la sofferenza personale per il delitto commesso?

19 La prigione ha la funzione di proteggere la società dai suoi membri pericolosi?

20 La prigione ha la funzione di riabilitare i criminali?

21 Cosa pensa Mario dei diritti dei detenuti?

22 E voi cosa ne pensate?

ATTIVITA'

Livello I

A Raccontare la storia di una evasione.

B Parlate del sistema giudiziario americano all'epoca della conquista dell'occidente.

C Nei film « western » si spara senza contare i colpi. Commentate in funzione del valore della vita umana.

D Parlate di un detenuto celebre (es. Papillon) cercando di far risaltare* le sue qualità umane. *stand out*

E Scrivete una breve notizia giornalistica (50-60 parole) che informi di un ammutinamento di detenuti.

F Mettetevi nei panni* di una guardia carceraria e parlate delle sue difficoltà e responsabilità e delle sue soddisfazioni. *in the shoes*

Livello II

G Difendete una delle seguenti affermazioni:

a) se un prigioniero è in possesso di informazioni importanti, bisogna ottenerle con ogni mezzo;

b) il prigioniero non può essere sottoposto a pressioni fisiche, psichiche o morali che offendano la sua dignità;

c) se le pene sono severe, i delitti saranno meno freqeunti;

d) il criminale non si ferma per paura della prigione e comunque spera di farla franca*. *get away with it*

H Presentate le ragioni di quelli che vorrebbero rimettere in vigore* la pena di morte. *restore*

TESTO DI LETTURA

Nel 1977 è stata fondata a Milano l'Associazione Internazionale contro la tortura. I suoi scopi sono: 1) di difendere la dignità dell'essere umano lottando in favore dei perseguitati, dei prigionieri, dei sequestrati, dei torturati e in memoria di coloro che sono morti per la libertà, la democrazia e i diritti dell'uomo; 2) di mettere fine alla tortura che esiste in certi regimi, in particolare dell'America Latina, che si basano sul terrore dello Stato per conservare i privilegi di una piccola minoranza di cittadini che godono di diritti speciali.

L'Associazione intende: denunciare i delitti* *crimes* commessi e quelli in preparazione; rivelare i veri motivi di tali delitti; accusare i responsabili diretti e i loro mandanti*; provocare la reazione e la pres- *instigators* sione dell'opinione pubblica; organizzare la solidarietà di quanti si preoccupano della situazione; far conoscere le lotte dei popoli perseguitati.

L'Associazione, pur facendo azione politica, è indipendente da partiti politici e gruppi confessionali. E' aperta a tutti coloro che ne accettano gli scopi ed è autofinanziata dai contributi dei suoi membri.

Il suo recapito* internazionale è: case postal *address* 207, 1211 Genève 16 - Switzerland.

conversazione 9

L'EUTANASIA

Un medico inglese, accusato di aver lasciato morire un neonato* di tre giorni, è stato assolto* all'unanimità. Il bambino era affetto da mongolismo acuto e i genitori avevano rifiutato di prendersi cura di lui.

acquitted
newborn baby

Mario	In altre parole questo significa che bisogna legalizzare l'eutanasia.	
Lucia	Non è detto*, forse significa solo che qualcuno è disposto* a tollerarla.	*not necessarily* *willing*
Sandro	Come che sia*, chi prende la decisione finale, il paziente, i parenti dell'ammalato, il medico?	*however it may be*
Mario	Se ci fosse una legge ci sarebbero anche le modalità di applicazione.	
Lucia	Si è sempre detto « NON UCCIDERE »*, non si può all'improvviso* cambiare tutto e dire « signori miei, in certi casi uccidete pure ».	*do not kill* *all of a sudden*
Mario	E in guerra allora?	
Sandro	Non divagare*, lascia stare la guerra*. Bisogna riconoscere che in certi casi provocare la morte è un atto di carità. C'è della gente che soffre in maniera orrenda; quando non ci sono speranze non sarebbe meglio lasciarla morire in pace?	*stick to the point* *leave war alone*
Mario	Appunto*, ma bisogna che ci siano delle regole perché il responsabile non rischi di andare in galera*.	*exactly* *jail*
Lucia	No, guarda, sarebbe troppo pericoloso per la società. L'eutanasia potrebbe diventare un ottimo sistema per eliminare gli indesiderati.	

Mario	Il rischio c'è, ma se ci fossero i controlli...
Sandro	Il paradosso sta nel fatto che, dopotutto, il problema deriva dai progressi della medicina.
Mario	E' vero, una volta la gente stava male male e poi moriva; adesso col respiratore ti tengono in vita i pazienti all'infinito.
Lucia	Non pare che sia stato il caso del bambino mongoloide.
Sandro	Non lo so, non faccio il medico, comunque* che senso ha salvare un bebé affetto da malformazione grave sapendo che magari* non avrà mai vita cosciente?
Mario	Non ha senso affatto*. E se non volete legalizzare l'eutanasia dovrete almeno tollerarla. Del resto* spesso non si tratta tanto di provocare la morte quanto di non aiutare la vita con mezzi artificiali.
Lucia	In altri termini* si tratta di scegliere un atteggiamento passivo, non uccidere ma lasciar morire. Ma chi ti assicura che il bambino malformato non possa godere* a suo modo del dono della vita, che il malato grave non abbia più speranze?
Sandro	Nessuno dice che è una scelta* facile. Certo è un grosso problema di coscienza.
Mario	E una responsabilità enorme. Ti rendi conto*? Come fai a dire se per il paziente vale la pena* o no di vivere? A quale punto la vita non è più degna di essere vissuta? Che standard stabiliresti?

Glosse a margine:

comunque — anyway
magari — perhaps
affatto — at all
Del resto — after all
In altri termini — in other words
godere — enjoy
scelta — choice
Ti rendi conto — do you realize
vale la pena — it is worth while

DOMANDE

1 Il codice penale italiano considera l'eutanasia
« omicidio volontario » con l'attenuante* dello
scopo del delitto*. Vi sembra giusto o no?

attenuating circumstances
purpose of the crime

2 Che cosa dice la legge americana in proposito?

3 E' meglio dibattere il problema dell'eutanasia
e diffonderne la consapevolezza* oppure non
parlarne affatto? Perché?

make people aware of it

4 « Non uccidere » è una legge fondamentale della società civile. E' possibile cambiarla? Perché?

5 Che cosa s'intende per diritto alla vita?

6 Eutanasia a parte, quali sono i casi in cui è pre-
vista la possibilità di uccidere?

7 Quali sono i motivi che portano all'eutanasia?

8 E' bene o male salvare con mezzi eccezionali
un neonato che presenti delle gravi malforma-
zioni? Perché?

9 E' giusto o sbagliato prolungare la vita con
mezzi eccezionali a un paziente molto grave*
e sofferente? Perché?

severely ill

10 Chi deve prendere la decisione di interrom-
pere la vita?

11 I desideri dei malati vanno rispettati?

12 Lo stato ha il diritto di interferire? Come e perché?

13 Le chiese hanno il diritto di interferire? Come
e perché?

ATTIVITA'

A Cercate di definire la vita umana.

B « Tutti hanno diritto alla via ». Parlate brevemente in favore o contro questa affermazione.

C Forme di eutanasia in altri paesi del mondo.

D Raccontate una storia in cui immaginate di essere un medico che deve decidere della vita di un suo paziente.

E Avete autorizzato l'interruzione di una vita e siete accusati di omicidio. Difendetevi.

F Avete salvato con mezzi eccezionali un bambino severamente ritardato e i genitori vi fanno causa*. Difendetevi.   *law suit*

G Esponete brevemente quali sono per la società i rischi della legalizzazione dell'eutanasia.

TESTO DI LETTURA

DICHIARAZIONE MONDIALE

Durante la sua trentaquattresima assemblea generale tenutasi a Lisbona dal 28 settembre al 2 ottobre 1981, l'Associazione Mondiale dei Medici ha adottato all'unanimità una dichiarazione relativa ai diritti dei pazienti. Tale dichiarazione stabilisce, ad uso delle associazioni nazionali, una serie di diritti fondamentali del paziente, in particolare per quanto concerne la libera scelta del medico, la libertà terapeutica, la protezione della vita privata e l'assistenza al decesso*.   *death*

Il medico deve sempre, sia pure in presenza di difficoltà materiali, etiche o giuridiche, seguire la propria coscienza e mettere la propria abilità al servizio del benessere del suo paziente. Questi, secondo la dichiarazione di Lisbona, ha pieno diritto alla libera scelta del medico. Ha inoltre diritto ad essere curato da un medico a meno che, liberamente e senza influenze esterne, decida diversamente. Ha il diritto, dopo aver ottenuto tutte le informazioni pertinenti, di consentire al trattamento terapeutico o di rifiutarlo. Ha diritto al segreto professionale da parte del medico per quanto riguarda i dati* medici e personali che lo interessano. Ha il diritto di avere assistenza spirituale e morale da parte di un ministro del culto della sua religione o di rifiutarla se così preferisce.   *records*

conversazione 10

GLI ANZIANI

A casa di Lucia c'è un po' di trambusto*. La
nonna Laura è stata ricoverata* in ospedale in seguito alla rottura del femore, ora sta meglio e l'hanno dimessa* ma deve imparare di nuovo a cammi-
nare e il nonno, poverino, non è in grado* di assi-
sterla. I nonni verranno a stare in casa di Lucia,
Luigino rinuncerà alla sua camera e dormirà nello
studio.

bustle
admitted

released
able

Luigino	Ma tutta la mia roba* dove la metto?
Mamma	La roba di vestiario la metti nell'armadio a muro*, Papà ti ha liberato uno scaffale* per i libri e due cassetti della scrivania.
Luigino	E il resto?
Mamma	Andrà in cantina* in scatoloni di cartone.
Luigino	E i « poster »?
Mamma	Li arrotoleremo bene perché non si rovini-no. Coraggio, Luigino, è solo questione di qualche settimana.

things

wall wardrobe
bookcase

basement

Luigino vuole bene ai* nonni, sono simpatici,
hanno sempre tante cose da raccontare, lo viziano*
anche un po' e non sono quasi mai noiosi. Sta bene
con loro. Ma un conto è andare da loro a pranzo
o passare la domenica insieme al mare, e un conto
averli in casa per chissà quanto tempo.
La giornata passa nei preparativi; quando papà torna dall'ufficio dà una mano anche lui e per
l'ora di cena è tutto fatto.

is fond of
spoil

Luigino	La casa ora è tutta diversa.
Lucia	Non proprio tutta... certo... la tua camera non è mai stata così in ordine.

Mamma	(facendo gli occhiacci a Lucia) La casa è un po' diversa, soprattutto la nostra vita cambierà sotto molti aspetti.
Papà	I nonni sono vecchi e soli e la mamma è la loro unica figlia, è ovvio che dobbiamo occuparci di loro.
Mamma	Ci vorrà molta pazienza, loro sono abituati alla loro vita, hanno le loro esigenze*.
Lucia	Mi domando se non avremmo fatto meglio a trovare loro una sistemazione* altrove*.
Luigino	Dio mio! Parlate come se dovessero restare sempre con noi!
Mamma	Abbiamo offerto di tenerli fino a quando la nonna sarà di nuovo in grado di camminare.
Luigino	E poi?
Papà	Poi si vedrà, loro hanno una casa molto grande...
Lucia	Pensate alla possibilità di andare noi ad abitare con loro?
Papà	Non è un discorso facile, ma tanto vale affrontarlo. Sono molto anziani tutti e due, finché la salute li assiste tirano avanti, ma se si ammalano..
Luigino	Ma i malati non vanno all'ospedale?
Lucia	Non sempre, certi mali non sono da ospedale, semmai si tratterebbe di trovare una « casa di riposo ».
Luigino	E perché no? Non è come vivere in albergo? Hai voglia di una tazza di tè e suoni il campanello.
Mamma	Tu pensi agli alberghi delle vacanze. Ma, vedi, per i nonni vorrebbe dire lasciare la loro casa, i mobili, gli oggetti ai quali sono affezionati, avere meno spazio, sottoporsi ad orari stabiliti da altri...
Papà	Sarebbe veramente molto triste per loro.
Luigino	Capisco, neanche io sono contento di essere sloggiato dalla mia camera.
Papà	Inoltre c'è un problema finanziario. La pensione del nonno non è altissima e la vita diventa sempre più cara. Loro non hanno bisogno di molto e alle spese della casa pen-

needs

*arrangement
elsewhere*

siamo noi; ma neanche noi siamo ricchi e tutti e due in un pensionato per anziani non li posso mantenere*. Se sarà veramente necessario potremmo andare noi a vivere con loro, la casa è grande abbastanza.   *support*

Mamma E tu avresti di nuovo una camera tutta per te.

Luigino Ma non sarebbe più casa nostra!

Lucia Si parla tanto di previdenze e di assistenza sociale, però se non si è ricchi la vecchiaia non è tranquilla.

Papà E' vero, ma anche per lo Stato non è facile, una volta le famiglie non si disperdevano. Mio nonno abitava a Milano, aveva dieci figli e una grande casa con annesso il magazzino*. Faceva il commerciante di formaggi e forniva i ristoranti e i ricchi della città. Mi ricordo che le donne di casa, figlie nuore* e nipoti*, cucinavano ogni giorno per tutti, non solo per i rispettivi mariti e padri, ma anche per i garzoni di bottega* e una o due vecchie zie un pò malandate* che mio nonno ospitava.   *warehouse* *daughter in law* *grandchildren* *shop boys* *in poor health*

Lucia Che vita! E non litigavano?

Papà Penso di si, ma erano molto meno insofferenti* di noi. Ognuno aveva i suoi compiti* e i bambini e i malati avevano « baby sitter » e infermiere in famiglia.   *impatient / tasks*

Lucia Non vorrai sostenere* che facevano una bella vita!   *maintain*

Papà No, per lo meno non per il nostro standard, ma si davano sicurezza l'uno con l'altro. Il senso della famiglia era molto forte e la famiglia era per loro quello che le assicurazioni sociali dovrebbero essere per noi. Sai, all'epoca di mio nonno gli istituti di previdenza non esistevano.

Luigino Per quanto grandi fossero le case dovevano vivere gli uni sugli altri. Che orrore!

Mamma Comunque non è il caso nostro, staremo un po' strettini... dovremo cambiare qualche abitudine...

Papà Si, ma pazienza*, non è una situazione che durerà in eterno.   *never mind*

DOMANDE

1 Da che cosa deriva il trambusto in casa di Lucia?

2 Di che cosa si lamenta* Luigino? Ha ragione o torto?   *complains*

3 Come sarà la vita con i nonni in casa?

4 E' sufficiente l'affetto per rendere facile la convivenza?

5 Perché papà e mamma pensano alla possibilità di andare ad abitare nella casa dei nonni?

6 I nonni non starebbero bene in un pensionato per anziani?

7 Pensate che gli anziani abbiano diritto alla loro indipendenza? Come?

8 In che misura i figli si devono occupare dei genitori?

9 Che cosa si possono ragionevolmente aspettare i genitori dai figli?

10 Che cosa ci si aspetta dagli istituti di previdenza?

11 Quali sono le prospettive* dei pensionati poveri?   *outlooks*

12 Che cosa pensate della famiglia partriarcale descritta nella conversazione?

13 Esistono al giorno d'oggi famiglie in cui convivono genitori e figli sposati? Perché? E' una libera scelta?

14 Come sono sentiti i legami familiari nella nostra società?

15 Com'è il rapporto nonno-nipote?

16 Gli anziani sono di aiuto o di peso?

17 Si cercano ancora i loro consigli, la loro esperienza?

18 Gli anziani diventano sempre più numerosi; come reagisce la società?

ATTIVITA'

A   Descrivete una persona anziana di vostra cono-
    scenza.

B   Il nonno o la nonna raccontano una storia: —
    Quando io ero bambino/a... Continuate.

C   Parlate delle attività degli anziani. Che cosa
    fanno? Quali sono i loro interessi? Come si
    riempie la loro giornata?

D   Parlate del contributo che gli anziani possono
    dare alla società.

E   Paragonate la famiglia del commerciante di for-
    maggi con quella del texano della serie tele-
    visiva *Dallas*.

F   Parlate pro o conto una delle tesi seguenti:

    a) gli anziani hanno molte cose da insegnarci;

    b) il mondo progredisce troppo rapidamente, gli
       anziani rimangono indietro e diventano dei
       disadattati*;   *maladapted*

    c) i nipoti hanno bisogno dei nonni, la loro pre-
       senza è un elemento che sviluppa il senso
       della famiglia e contribuisce a dare ai pic-
       coli l'idea del passato.

TESTO DI LETTURA

L'età media* diventa sempre più lunga e il problema degli anziani si fa sempre più acuto. A sessantacinque anni, se non prima, si va in pensione; e poi? La prima difficoltà è data dal troppo tempo libero. Come fa una persona che ha lavorato tutta la vita a stare senza far niente? In teoria la soluzione è semplice: si intraprende un hobby, si coltivano interessi ai quali non ci si è potuti dedicare prima, si diventa membri di un club e si fanno nuove amicizie, si viaggia. E' più presto detto che fatto. In pratica non tutti hanno le risorse necessarie per reagire in maniera così positiva. Per lo più entrano in gioco fattori economici e fisiologici: raramente la pensione assicura una vita senza preoccupazioni economiche, d'altra parte gli acciacchi* dell'età si fanno immancabilmente sentire. Altri elementi ancora contribuiscono a turbare lo stato psicologico della persona anziana: la mancanza di scopi da raggiungere, la monotonia delle giornate che si susseguono* l'una uguale all'altra* e, in certi casi, la solitudine. Certo, le varie iniziative sociali quali i circoli associativi, gli hobby organizzati, i club culturali, offrono un minimo di struttura a chi voglia usufruirne ma, nel migliore dei casi, non sostituiscono l'affetto, la tenerezza, il calore della famiglia.

average life span

infirmities

come and go uneventfully

Nell'ultimo mezzo secolo, infatti, si sono verificate nella famiglia trasformazioni radicali. Definita come gruppo di individui legati fra loro da rapporti di matrimonio parentela e affinità, la famiglia continua ad esistere, ma sono cambiate le forme di vita degli individui che la costituiscono. Da patriarcale essa è diventata cellulare: i vari membri dispongono presto di alloggi individuali, cambiano facilmente di residenza e tendono a disperdersi in città se non addirittura in nazioni differenti. La casa paterna rimane vuota e ciascuno fa vita per conto proprio. I genitori tornano ad assaporare la libertà non più limitata dalle cure dei figli; i figli godono dell'indipendenza finalmente raggiunta. E' a questo punto che gli uni e gli altri devono trovare, o ritrovare, la propria autonomia. Per i giovani si tratterà di darsi uno stile di vita e sarà una ricerca personale, qualche volta dolorosa, non più sostenuta dalle tradizioni e dalle consuetudini che i moderni rivolgimenti sociali hanno sovvertito; per gli anziani sarà questione di dare un valore agli anni a venire. E' necessario incominciare presto a coltivare il giardino della vecchiaia in modo che al momento in cui si va in pensione abbia già incominciato a dare frutti.

Il problema degli anziani, presto o tardi, ci riguarda tutti. E' importante che l'opinione pubblica ne sia consapevole, che la legislazione specifica sia appropriata alle esigenze della categoria e che siano sempre più numerose le iniziative di appoggio, quali consultori* psicologici e luoghi d'incontro, che offrano agli anziani non solo diversivi ma occasioni di attività e di continua crescita interiore.

guidance